조선 사람의 하루

조선 사람의 하루

초판 1쇄 인쇄 2016년 12월 1일
초판 6쇄 발행 2025년 6월 20일

글쓴이 구완회
그린이 임종철
펴낸곳 북스마니아
펴낸이 임지호
디자인 노지혜
주소 경기도 시흥시 함송로 29번길 54 107동 301호
팩스 02-6280-8678
출판등록 2009년 10월 23일 등록번호 105-18-65598
ISBN 978-89-97329-11-3 73910

ⓒ 구완회, 임종철 2016

* 이 책은 저작권법에 따라 한국 내에서 보호받는 저작물이므로 무단 전재와 무단 복제를 금합니다.
* 이 책의 전부, 혹은 일부를 인용하려면 반드시 저작권자와 북스마니아의 서면 동의를 받아야 합니다.
▪ 이 책은 한국출판문화산업진흥원의 2016년 〈우수출판콘텐츠 제작 지원 사업〉 선정작입니다.

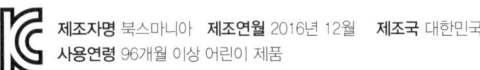

제조자명 북스마니아 **제조연월** 2016년 12월 **제조국** 대한민국
사용연령 96개월 이상 어린이 제품

조선 사람의 하루

구완회 글 임종철 그림

차 례

1 임금님의 신기한 꿈 ……………………………………… 8
　🌱 조선 사람 더 알아보기　바쁘다 바빠, 왕의 하루　　16

2 도승지의 고단한 새벽 출근 …………………………… 18
　🌱 조선 사람 더 알아보기　요람에서 무덤까지 조선 양반의 일생　26

3 의관은 종기를 미워해! …………………………………… 28
　🌱 조선 사람 더 알아보기　의사, 변호사, 통역관……, 조선 시대 중인들　36

4 눈코 뜰 새 없이 바쁜 안방마님의 아침 ………… 38
　🌱 조선 사람 더 알아보기　많기도 하여라, 안방마님이 하는 일　46

5 고달파라, 노비로 산다는 것은 ……………………… 48
　🌱 조선 사람 더 알아보기　천차만별 노비 팔자　56

6 박달나무 고약의 비밀 58
　　● 조선 사람 더 알아보기　농민의 하루살이와 한해살이　　66

7 임금님을 구해라! 68
　　● 조선 사람 더 알아보기　죽어서 왕릉까지, 국왕의 장례식　　76

8 궁궐로 간 김 서방 78
　　● 조선 사람 더 알아보기　다시는 왕비로 태어나지 않게 하소서　　86

9 박달나무냐, 웅담이냐? 88
　　● 조선 사람 더 알아보기　종기를 고친 조선의 명의들, 피재길과 백광현　　96

10 새로운 하루 98
　　● 조선 사람 더 알아보기　상민이 양반 되고, 양반은 상민 되고　　106

사진 자료를 사용하는 데 도움을 주신 곳　　108

따로 또 같이, 조선 사람의 하루

여러분은 오늘 하루를 어떻게 보냈나요?

아침에 눈 비비며 일어나 밥 먹고 학교에 가서, 알쏭달쏭 오전 수업을 듣다 기다리던 급식을 먹고, 방과 후 수업까지 마친 뒤에 학원에 갔다 다시 집으로 가서 저녁을 먹고, TV 잠깐 보다 잠이 들지는 않았나요?

누구나 아침에 눈을 떠서 저녁에 잠들 때까지 하루를 보내요.

조선 시대 사람들도 다르지 않았어요. 하지만 조선 시대의 사람들은 지금 우리와 사뭇 다른 하루를 보냈답니다.

같은 조선 시대 사람이라도 임금과 신하, 상민과 노비의 하루는 또 달랐지요.

새벽 종소리를 듣고 일어나 하루 종일 눈코 뜰 새 없이 나랏일을 했던 임금님,

그보다 먼저 궁궐로 출근해서 임금님을 도왔던 신하, 새벽부터 해가 지도록 농사일에 바빴던 상민, 주인이 시키는 일을 손발처럼 해냈던 노비들까지, 조선 사람들은 누구나 열심히 하루를 살았어요.

  이들은 다른 곳에서 살았지만, 가끔은 서로 돕기도 했답니다.

  어떻게 도왔냐고요? 지금부터 그 이야기를 들려줄게요.

  노비와 상민, 신하들이 힘을 합쳐 하루 동안 임금님의 병을 고치는 이야기를 통해 조선 사람의 하루를 살펴보아요.

구완회

1 임금님의 신기한 꿈

"댕, 댕, 댕……."

저 멀리 종소리가 은은하게 울렸어. 성문을 여는 *파루 소리야. 아직 모두가 곤히 잠든 이른 새벽. 하지만 조선 국왕의 하루는 벌써 시작되었어. 하루에도 오만 가지 일을 처리해야 하는 임금은 늦잠을 잘 수 없거든. 더구나 오늘은 새벽녘에 신기한 꿈을 꾼 터라 저절로 눈이 떠졌지. 벌써 며칠째 똑같은 꿈이야. 하, 진짜로 무슨 일이 일어나려나…….

"흠, 흠……."

자리에서 일어나 가볍게 헛기침을 하니 밤새도록 옆방에 대기하고 있던 궁녀가 나지막이 문안 인사를 올렸어. 그리고 자릿조반을 드실지 여쭈었지.

> **궁금해요**
>
> 파루 : 파루는 새벽을 알리는 종소리야. 한양의 종각에 있는 종을 33번 치면서 하루의 시작을 알리고 밤새 닫혀 있던 성문을 열었지. 저녁에 성문을 닫기 전에는 28번 종을 쳤는데, 이를 '인정'이라고 불렀어. 파루와 인정 시간은 여름에는 이르고 겨울에는 늦었는데, 보통 파루는 새벽 3~5시, 인정은 저녁 6~8시쯤이었어.

조선 시대의 아침과 저녁을 알린 옛 보신각 동종

자릿조반이란 이름 그대로 일어난 자리에서 바로 먹는 간단한 식사야.

속에 부담이 없는 죽이 단골로 나오는데, 오늘은 녹두죽이로군. 이런, 쌀과 우유를 섞어서 끓인 타락죽을 먹고 싶었는데……. 요 며칠 종기로 고생하는 자신을 위해 몸의 열기를 식혀주는 녹두죽이 나온 것이니 약으로 알고 먹을 수밖에.

녹두죽 옆에는 맑은 물이 한 그릇 놓여 있었어. 지난겨울에 내린 눈을 녹여 만들어 둔 '납설수'야. 이것도 열기를 내리는 효과가 있다고 했지.

"대비전의 문안 인사는 어찌하오리까?"

몇 술 뜨고 상을 물리니 내시가 물었어. 충과 효를 강조하는 조선에서 임금이 대비에게 문안 인사를 가는 것은 하루 중 중요한 일과였지. 오늘은 몸이 영 좋지 않은 걸. 게다가 종기 탓에 며칠 미뤄 둔 할 일은 산더미고. 이를 어쩐다?

잠시 뜸을 들이던 임금님이 입을 열었어.

"오늘은 내관을 보내 대신 문안을 여쭙도록 하라."

내관은 내시와 같은 말이야. 임금이 바쁘거나 아플 때는 내시를 대신 보내서 문안을 여쭙기도 했단다.

잠시 뒤에는 임금님의 비서실장인 도승지가 궁궐 의사인 어의들과 함께 문안 인사를 왔어. 아무래도 임금님의 가 걱정되었던 모양이야.

> **궁금해요**
>
> 종기 : 그깟 종기가 무슨 대수냐고? 그렇지 않아! 조선 시대 임금의 사망 원인 1위가 바로 종기였으니까. 지금이야 간단한 수술로 고칠 수 있지만 의술이 발달하지 않았던 조선에서는 종기는 목숨을 앗아갈 정도로 위험한 병이었단다.

▎임금의 어머니가 있는 대비전인 경복궁의 자경전

"전하, 밤새 잘 주무셨사옵니까? 옥체는 좀 어떠하신지요?"

"음, 조금 나아지긴 했지만 여전히 종기가 붓고 몸에 열이 있다. 어제 어의가 준 고약을 붙이고 잤는데도 별 차도가 없는 듯하구나."

"망극하옵니다. 전하께서 말씀하신 대로 박달나무 열매로 만든 고약이 틀림없 사오니, 아뢰옵기 황공하오나 며칠 더 붙여보시면 분명 큰 차도가 있을 것이옵니다."

사실 그랬어. 어의가 준 고약은 임금님의 꿈 이야기를 듣고 만든 거야.

벌써 며칠째 꾸었던 똑같은 꿈.

따뜻한 봄날, 하늘거리는 날개옷을 입은 선녀가 임금님에게 다소곳이 절을 했지. 선녀는 임금님의 종기를 고치기 위해 옥황상제께서 자신을 보냈다고 아뢰었어.

그러고는 어떤 고약을 꺼내더니 임금님의 종기에 붙이고는 부드럽게 문질렀어. 그러자 종기의 붓기가 가라앉더니 곧 깨끗이 사라져버렸어.

선녀가 하늘로 올라가려는데, 임금님이 무엇으로 만든 고약인지 물어보자 선녀는 박달나무를 가리켰지.

두 번이나 같은 꿈을 꾸었을 때 도승지에게 꿈 이야기를 했고, 그걸 전해들은 어의가 고약을 만들어왔지. 오늘 새벽에도 같은 꿈을 꾸었으니 선녀가 임금님의 종기를 고쳐주기 위해서 꿈에 나타난 것이 확실했어.

"알았다. 그만 물러들 가거라. 도승지는 *편전으로 가서 내가 곧 나간다고 알려라."

편전은 국왕이 일을 하는 곳이야.

궁금해요

편전 : 편전이란 조선의 왕이 보통 때 머물며 신하들과 함께 나랏일을 보던 곳이야. 경복궁은 사정전, 창덕궁은 선정전이 편전이었지.

매일 아침 임금님은 편전에서 신하들과 *조회를 열었지.

조회란 신하들이 임금님에게 예를 갖추어 인사를 올리는 것을 말해.

종기 탓에 며칠 동안 상참을 쉬다가, 어제 박달나무 열매로 만든 고약을 붙이고 기분이 좋아져서 오늘은 상참을 열 것이라고 일러두었어. 생각만큼 차도가 없어서 아쉬웠지만 그래도 어제 한 말이 있으니 임금님은 조금 무리를 해서 편전으로 나갔지.

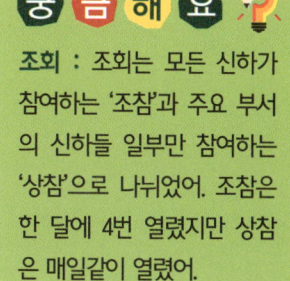

조회 : 조회는 모든 신하가 참여하는 '조참'과 주요 부서의 신하들 일부만 참여하는 '상참'으로 나뉘었어. 조참은 한 달에 4번 열렸지만 상참은 매일같이 열렸어.

　　임금님이 가운데 자리를 잡자 편전에 있던 신하들은 모두 엎드려 절을 했어. 그러고는 부서별로 나와서 업무 보고를 했지.

　　우선 관리들의 잘못을 감시하는 사헌부의 관리가 나섰어. 병마절도사 정도원이 뇌물을 받았다고 아뢰었지.

　　'병마절도사라면 지방의 군사들을 지휘하는 사령관인데, 이런 자가 뇌물을 받았다면 당연히 벌을 받아야겠지.'

　　"정도원을 파직하고 전라남도 곡성으로 유배하도록 하라."

　　다음은 수도인 한양을 관리하는 한성부의 관리가 나왔어. 장마에 대비해 청계천을 정비하자고 했어.

　　'청계천은 큰 비가 오면 자주 넘쳐서 백성들에게 피해를 주었지. 장마가 시작되기 전에 미리 정비해 놓는 것은 당연한 일.'

　　"경의 말이 옳다. 그리 하도록 하라."

　　다른 부서의 보고 또한 이어졌지만 임금님은 신하들의 이야기를 들으면서도 계속 종기에 마음이 쓰였어. 꿈에서는 틀림없이 단 한 번만 고약을 붙여서 바로 나았는데……

혹시 박달나무 열매가 아니라 잎이나 줄기를 가리키는 것은 아니었을까?

이윽고 상참이 끝나고 *경연이 이어졌어.

"전하, 밤새 평안하시옵니까?"

경연관으로 참여한 좌의정이 머리를 조아리며 다시 한 번 문안 인사를 드렸어.

"음, 어의가 만들어 준 고약을 붙이고 잤더니 조금 나아진 것도 같소."

그러자 이 기회를 놓칠세라, 아첨하기 좋아하는 좌의정이 이는 하늘이 내려주신 복이라고 한마디 덧붙였어.

임금님의 꿈 이야기는 이미 궁궐에서 모르는 사람이 없을 정도였거든.

그래, 맞아. 선녀가 알려준 고약이 효과가 없을 리가 없어. 그것도 며칠씩이나 똑같은 꿈을 손에 잡힐 듯 선명하게 꾸었는걸. 선녀의 부드러운 손길이 아직도 종기 부위에 느껴질 정도니까. 생각이 여기에 이르자 임금님은 기분이 좋아지기 시작했어.

> **궁금해요**
>
> 경연 : 경연이란 임금과 신하가 함께 공부하는 것을 말해. 하루에 세 번이나 했는데, 아침에는 조강, 점심엔 주강, 저녁엔 석강이 이어졌어. 아니, 임금이 무슨 공부냐고? 조선의 임금은 늘 공부해야 했어. 그래야 지혜와 덕을 갖춘 훌륭한 임금이 될 수 있었으니까 말이야.

〈대학연의〉는 유교 경전의 하나인 〈대학〉의 뜻을 풀어놓은 책이야. 임금의 마음가짐과 해야 할 일 등을 이야기하고 있어서 경연의 단골 교재였어.

오늘은 〈대학연의〉를 읽기로 하였지? 자, 그럼 시작해 볼까?

경연에서 임금이 신하들과 토론한 내용을 사관이 기록한 경연일기

경연이 시작되자 임금님은 종기를 잊을 정도로 신하들과의 토론에 열중했어. 조선의 임금들은 훌륭한 학자이기도 했거든. 어려서부터 최고의 학자들에게 개인 교육을 받았으니 그럴 수밖에. 공부를 싫어한 왕도 있었지만, 대부분의 임금들은 나라를 잘 다스리기 위해 학문에 힘썼단다.

한 시간쯤 지나서 조강이 끝났어.

임금님은 아침을 먹기 위해 침전으로 자리를 옮겼어. 아까 잠에서 일어났던 곳으로 말이야.

강녕전에는 이미 임금님을 위한 아침 *가 차려져 있었어. 그럼 지금부터 임금님의 수라상을 한번 구경해 볼까?

임금님 앞의 상에는 밥과 국, 김치, 간장, 갈비찜에다 삼색나물, 무생채, 생선구이, 장조림, 민어전, 송이산적, 대구포, 육회 등이 한가득이야. 밥과 국 같은 기본 음식을 빼고 반찬만 12가지가 올라간다고 해서 '12첩 반상'이라고 불렀대.

궁금해요

수라 : 수라는 임금님의 식사를 가리키는 말이야. 그럼 자릿조반도 수라냐고? 아니, 수라는 하루에 딱 두 번, 아침과 저녁만을 가리켜. 조선 시대에는 대부분의 사람들이 하루에 두 끼만 먹었거든. 국왕도 예외는 아니었어. 대신 새벽에는 자릿조반, 점심에는 낮것, 밤에는 밤참을 먹었지.

경복궁에서 임금의 침전으로 사용됐던 강녕전

임금님 옆에는 전골 담당 궁녀가 따로 있어. 고기나 야채를 끓는 육수에 데쳐서 임금님이 먹기 좋게 놓아 주는군. 그 옆에는 나이 지긋한 궁녀가 임금님의 밥과 반찬을 조금씩 덜어서 먼저 맛을 보고 있어.

이런 무엄한 일이 어디 있냐고? 모르는 소리! 이 궁녀는 임금님의 음식에 혹시 독이 있을까 봐 미리 먹어 보는 기미 상궁이야. 이건 아주 중요한 일이었기 때문에 특별히 임금님의 신임을 받는 경험 많은 궁녀가 맡았단다.

상참과 조강을 하느라고 시장해진 임금님은 밥을 한술 뜬 뒤에 민어전과 갈비찜을 맛보았어. 허기가 진 터라 평소보다 더 맛있게 느껴졌지.

새벽에는 몰랐는데, 어제 어의가 만들어 준 박달나무 열매 고약이 확실히 효과가 있는 듯하군. 이런 상태라면 종기 탓에 며칠 동안 쌓인 일도 오늘 하루 동안 다 해치울 수 있을 것만 같아. 임금님이 식사를 잘 하시니 궁녀들도 표정이 밝아졌어.

마음 같아서는 상 위의 음식을 다 먹을 수도 있을 것 같았지만 절반쯤만 먹고서는 수저를 놓았어. 배도 불렀지만, 식사 시중을 든 궁녀들을 생각해서 남긴 거야. 궁녀들은 임금님이 남긴 음식을 나누어 먹었거든.

아침 수라를 마친 임금님이 다시 편전으로 들었어. 상참에 참여하지 못한 부서의 업무 보고를 받고, 지방으로 떠나는 관리들을 면담하고, 궁궐의 야간 근무자를 확인하는 등 아직도 남은 일들이 줄줄이 사탕이야. 그래도 꿈 생각을 하면서 기분이 좋아졌고, 아침 수라까지 든든히 먹어서 힘이 넘쳐났어.

조선 사람 더 알아보기

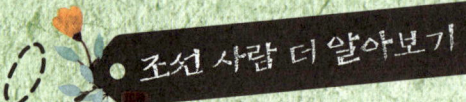

바쁘다 바빠, 왕의 하루

파루와 함께
하루 시작!
오전 5시
기상
오전 5시~7시
자릿조반 및
문안 인사
오전 7시~9시
조회(상참) 및
아침 공부(조강)
오전 9시~10시
아침 수라
오전 10시~12시
오전 업무
오후 12시~1시30분
점심 식사(낮것) 및
점심 공부(주강)
오후 1시30분~3시
오후 업무
오후 3시~5시
궁궐 야간
근무자 확인
오후 5시~7시
저녁 수라 및
저녁 공부(석강)
오후 7시~8시
문안 인사
오후 8시~12시
비공식적 업무 및
취침

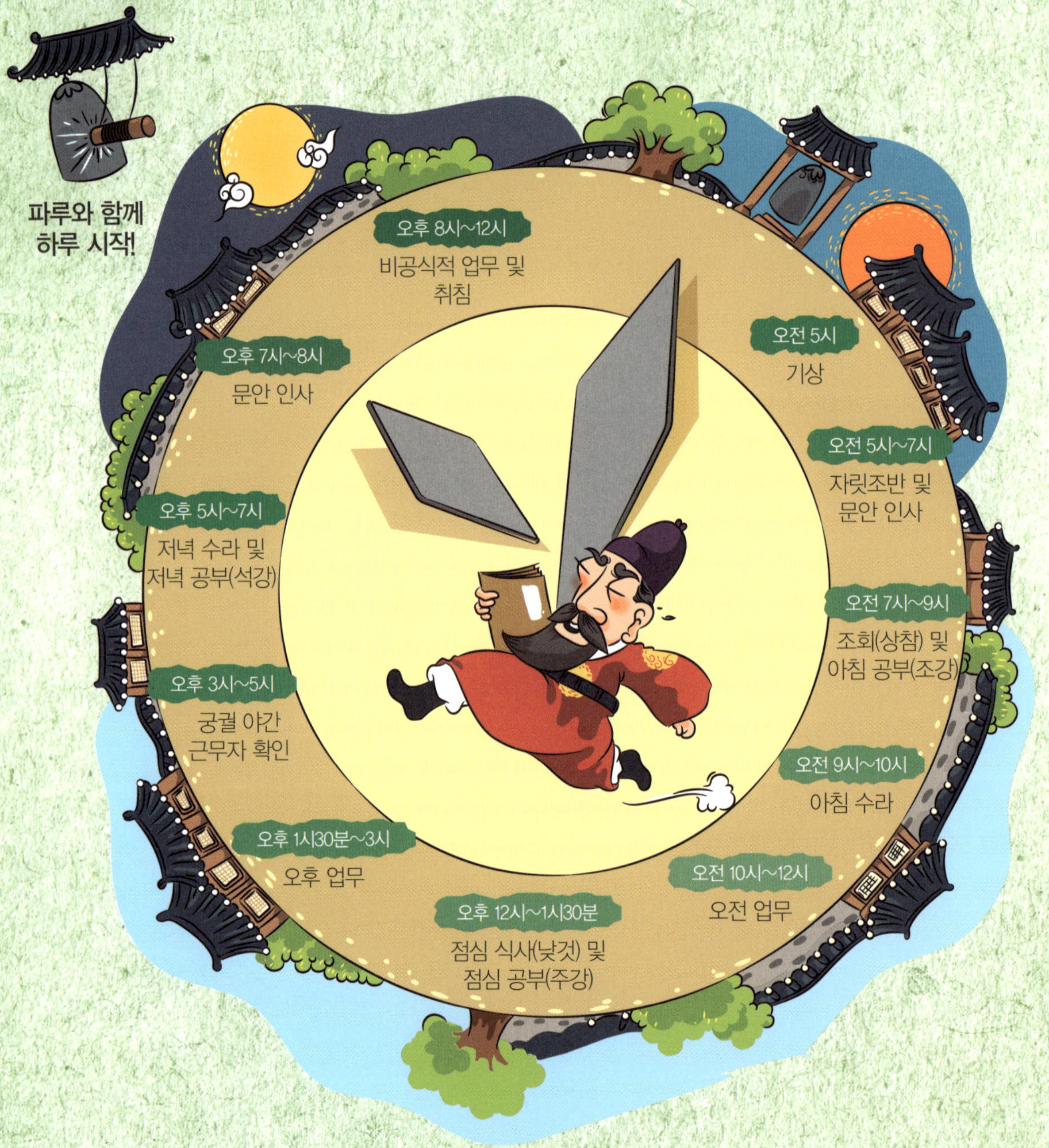

왕의 하루는 파루와 함께 시작되었어. 이때가 대충 새벽 5시. 일어나면 간단한 죽으로 요기를 하고 웃어른께 문안 인사를 드렸지.

공식 일과는 조회와 경연부터

국왕의 공식 일과는 조회와 경연으로 시작되었어. 조회는 보통 경연으로 이어져서 이렇게 한 묶음으로 치는 거야.

약식 조회인 상참은 매일 열리는 것이 원칙이었는데, 조선 후기에는 잘 열리지 않았어. 24년 동안 왕위에 있었던 정조 임금은 상참을 연 것이 10번이 채 안 될 정도였지. 그보다는 조강으로 하루를 시작했어. 그래서 조강은 단순히 공부하는 것을 넘어서 왕과 신하가 나랏일을 상의하는 자리가 되었단다.

업무 보고와 점심

아침 수라를 든든히 먹은 뒤에는 관청별로 업무 보고를 받았어. 주요 부서는 매일, 그렇지 않은 부서는 순서를 정해서 하루에 5개 정도씩 받았지. 간단히 점심을 먹은 뒤에는 다시 점심 공부가 이어졌어.

암호 정하기와 저녁 일과

오후 업무는 주로 지방으로 가거나 지방에서 올라오는 관리들을 만나는 것이었어. 지방으로 내려가는 관리에게는 백성들을 잘 다스릴 것을 당부했고, 지방에서 올라오는 관리한테는 지방 백성들의 민심을 물었지. 오후 4시쯤에는 밤에 궁궐을 지키는 담당자를 확인하고 그날 쓸 암호를 정해 주었어.

저녁 수라와 저녁 공부를 끝내고 다시 웃어른께 문안 인사를 드리면 왕의 공식적인 하루 일과가 끝났어. 하지만 왕은 이후 전국의 백성들이 올린 상소문이나 책을 읽다가 자정쯤에야 잠자리에 들었지. 언뜻 봐도 공부와 업무의 연속이지? 그래서인지 조선 국왕의 평균 수명은 47.2세에 불과했단다.

2 도승지의 고단한 새벽 출근

"댕, 댕, 댕……."
종각의 파루 소리는 궁궐뿐 아니라 한양 곳곳에 울려 퍼졌어. 높은 벼슬아치들이 모여 살던 북촌의 도승지 집도 예외는 아니었지.
"끄응!"
*사랑채에서 잠을 자던 도승지는 작은 신음 소리를 냈다가 다시 잠에 빠져들었어. 어제는 며칠 동안 밀린 일을 하느라 늦게까지 궁궐에 있었거든. 박달나무 열매 고약을 붙인 임금님이 기분이 좋아져서 한동안 미뤘던 조회와 경연을 하겠다고 말하는 바람에 그 준비를 하느라 정신이 없었지.
가만, 오늘 아침 일찍 조회를 한다고? 그럼 새벽같이 나가야 하는 거 아냐? 아까 잠결에 파루 소리를 들은 것 같은데…….
마침 바깥에서 뭔가 시끄러운 소리가 나는 것을 들은 도승지는 눈을 번쩍 떴어. 부리나케 일어난 도승지는 사내종이 불을 붙인 등잔을 가져오자 우선 머리를 빗었어. 밤새 흐트러진 머리를 풀어서 꼼꼼하게 빗은 다음 익숙한 솜씨로 상투를 틀었지. 그러고는 부지런히 세수를 하고는 수건으로 물기를 닦았어.
"영감마님, 조반을 들일갑쇼?"

여봐라! 게 아무도 없느냐? 얼른 등불을 들이도록 해라!

궁금해요
사랑채 : 조선 시대 양반의 집은 크게 안채와 사랑채로 나뉘었어. 안채는 안주인인 아내가, 사랑채는 바깥주인인 남편이 생활하는 공간이었지. 바깥에서 찾아오는 손님들을 맞이하는 곳도 사랑채였단다. 이 밖에도 자식 가족이 사는 별채와 조상의 제사를 지내는 사당도 있었어.

궁궐에 들어가게 되면 조회와 경연까지 마쳐야 밥을 먹을 수 있으니 지금 한술 뜨고 가야 했지만, 오늘은 도저히 시간이 안 될 것 같아.

"아니다. 나는 지금부터 옷을 입을 테니 어서 입궐 준비를 하도록 해라."

평소 입는 바지와 저고리 위에 관리의 옷인 *관복을 입고 그 위에 허리띠인 *관대도 둘렀어. 머리에는 귀 가리개인 *이엄을 쓰고 좌우로 날개가 달린 *사모까지 갖춰 쓰니 그제야 도승지의 위풍당당한 모습이 되었지.

자, 이 정도면 준비 완료. 서둘러 밖으로 나가서 기다리고 있던 가마에 올랐어.

"에라, 쉬! 물렀거라, 도승지 어른 행차시다!"

앞장선 하인이 큰 소리로 사람들을 쫓으며 출근길을 인도했어.

조선 시대 백성들은 지체 높은 양반이 행차하면 이렇게 길을 비켜야 했지. 만약 어물거리다가 가마에 부딪치기라도 하면 붙잡혀 가서 매를 맞을 수도 있었거든. 마침 어떤 사람이 우물쭈물하고 있었나 봐. 앞장서던 하인의 호통 소리가 들렸어.

● 도승지가 입궐 때 입은 복장

| 관복

| 관대

| 이엄

| 사모

"네, 이놈! 감히 어느 안전이라고 길을 막아서는 게냐? 네 놈이 정녕 매를 맞아야 정신을 차리겠느냐?"

평소 같았으면 그놈의 버릇을 고쳐 놓았겠지만, 지금은 너무도 바쁜 새벽 출근길이야. 도승지는 낮은 목소리로 어서 가자고 재촉했어. 이러다가는 문안 인사는커녕 조회에 늦을지도 몰라.

다행히 북촌은 궁궐에서 가까웠어.

하인이 몇 차례 큰 소리를 치는 사이에 가마는 어느덧 궁궐의 정문인 광화문 앞에 이르렀어. 가마에서 내리니 이미 광화문은 활짝 열려 있었고, 벌써 저만치 입궐하는 신하들이 보였어. 도승지도 서둘러 *승정원으로 들어갔지.

"영감, 나오셨습니까?"

승정원에는 이미 승지들이 나와 있었어. 도승지가 비서실장이라면 승지들은 비서야. 승정원에는 한 명의 도승지와 다섯 명의 승지들이 있었어. 이들도 좌승지에서 동부승지까지 서열이 정해져 있지. 도승지는 먼저 출근기록부인 공좌부에 도장을 찍고 승지들과 마주 앉았어.

승정원 : 지금으로 치면 대통령 비서실과 같은 곳이야. 왕의 명령을 신하와 백성들에게 전달하고, 신하들의 보고서나 백성들의 상소를 왕에게 올렸지. 상소란 백성들이 직접 임금에게 올리는 글이야. 이 밖에도 왕을 그림자처럼 따르며 모시는 것도 승정원의 중요한 임무였어.

 승지들이 한 목소리로 대답하는 소리를 들으니 마음이 좀 편안해졌어. 아까는 서둘러 나오느라 조금 정신이 없었거든.

 마침 내관이 와서 임금님이 오늘 대비전 문안을 직접 하지 않는다는 소식을 알려 왔어. 그러면 지금이 문안 인사를 가야 할 때로군.

 임금님이 계신 건물인 강녕전 앞에 이르니 기다리던 내의들이 인사를 했어. 도승지는 가볍게 눈인사로 응대를 하고는 문 앞의 내관에게 눈짓을 했어.

 "전하, 도승지와 내의들이 문안 인사를 왔사옵니다."

 "들라 하라."

"전하, 밤새 잘 주무셨사옵니까? 옥체는 좀 어떠하신지요?"

우선 문안 인사를 드리고는 용안을 살폈어. 어제보다는 나아진 것도 같지만, 별 차이가 없는 듯도 보여.

"음……, 조금 나아지긴 했지만 여전히 종기가 붓고 몸에 열이 있다. 어제 어의가 준 고약을 붙이고 잤는데도 별 차도가 없는 듯하구나."

역시 예상대로군.

그렇다면 상참과 경연을 취소해야 하는 것이 아닐까? 아니면 둘 중 하나라도 말이야. 이런 생각을 하고 있는데 옆에 있던 내의가 머리를 조아리며 말문을 열었어.

"망극하옵니다. 전하께서 말씀하신 대로 박달나무 열매로 만든 고약이 틀림없사오니, 아뢰옵기 황공하오나 며칠 더 붙여보시면 분명 큰 차도가 있을 것이옵니다."

하긴, 정말 신기한 꿈이기는 해. 같은 꿈을, 그것도 며칠이나 똑같이 꾸는 경우는 정말 드문 일이니까.

이것이야말로 주상 전하를 보살피는 천지신명의 뜻이 아니면 뭐겠어? 아니, 그게 아닐지도 몰라. 혹시 이것이 전하의 옥체를 해치려는 간교한 귀신의 속임수라면?

아, 뭐든 간에 오늘 옥체가 안 좋으시다면 무리를 하지 않으시는 편이 좋은데…….

"알았다. 그만 물러들 가거라. 도승지는 편전으로 가서 내가 곧 나간다고 알려라."

"분부대로 거행하겠나이다."

전하께서 이리 말씀하시니 분부대로 따를 수밖에. 그래도 조정 대신들이 모두 참여하는 조참이 아니라 주요 신하들만 참여하는 상참이니 다행이야.

편전으로 들어오시는 전하의 발걸음이 아무래도 불편해 보여서 마음이 영 안 좋았지만 상참은 예정대로 진행되었어.

사헌부 관리가 뇌물을 받은 자를 처벌할 것을 청했고, 한성부에서는 장마를 앞두고 청계천을 정비할 것을 아뢰었지. 기력이 약해지셨는데도 신하들의 보고를 끝까지 귀담아 듣고 대답을 내려주시는 전하를 뵈니 마음이 아파.

이런 저런 생각을 하는 사이에 벌써 경연이 시작되었네.

"꿈에 선녀가 나타나 치료약을 알려주셨으니, 이는 하늘이 전하를 지켜 주시는 것이옵니다. 전하께서는 천세를 누리실 것이옵니다."

좌의정의 이 말을 들으시고 전하의 용안이 조금 밝아지신 것 같아. 아첨하기 좋아한다는 이유로 몇 번이나 구설수에 오른 좌의정이지만 이번만은 제대로 효과를 본 것 같군.

덕분에 경연은 잘 끝났고 전하는 아침 수라를 드시러 강녕전으로 향하셨어.

휴, 이제야 한시름 놓은 것 같군.

"꼬르륵."

도승지의 뱃속에서 소리가 났어. 가만, 그러고 보니 아침부터 지금까지 아무것도 안 먹었잖아? 걱정할 필요는 없어. 경연이 끝나면 경연관들은 궁궐에서 주는 아침밥을 먹었으니까.

경연을 마치고 먹는 아침상은 제법 근사했어. 임금님께서 수고한 경연관들에게 떡과 여러 음식들을 내려주셨거든. 게다가 술까지 내려주셨단다.

아침부터 무슨 술이냐고? 그래도 임금님이 주시는 술이니 거절할 수는 없어. 가끔은 정말 아침술에 취해서 비틀거리는 신하들도 있었지. 그래도 도승지 체면에 그럴 수야 없지.

허기진 배를 채우고 술 한잔을 마시고 나니 기분이 좋아지는걸?

도승지는 다시 승정원으로 돌아와 일을 하기 시작했어. 승정원에는 처리해야 할 문서들이 잔뜩 쌓였거든. 오늘따라 지방관들이 올린 보고서와 *전교가 더욱 많은 것 같아.

그런데 전교를 살펴보던 도승지가 승지들을 불러 모았어.

> **궁금해요**
>
> **전교**: 왕의 명령은 여러 종류로 나뉘었어. 승지가 직접 받아 적어서 전달하는 명령인 전교가 대표적인 것이었지. 이 밖에도 승지가 없을 때 다른 사람이 적은 명령을 비망기, 신하가 올린 글에 임금이 답하는 것을 비답, 임금이 백성들 전체에게 내리는 글을 윤음이라고 불렀단다.

> 전하께서 작년에 뇌물죄로 강화도로 유배를 갔던 경기도 병마절도사를 풀어 주라는 전교를 내리셨소. 이에 대한 경들의 생각은 어떻소?

경기도 병마절도사는 왕비의 삼촌이었어. 왕비를 각별히 사랑했던 임금님이 일찍 유배에서 풀어 주는 은혜를 베푼 셈이지.

가만, 그런데 어째 분위기가 심상치 않네.

수염이 밤송이처럼 뻗쳐 있는 좌승지는 얼굴이 붉으락푸르락, 책상이라도 칠 것처럼 주먹을 휘두르며 말했어.

> 이건 도저히 받아들일 수 없는 전교입니다. 경기도 병마절도사라면 뇌물뿐 아니라 중전마마의 삼촌이라는 지위를 이용하여 온갖 못된 짓을 일삼던 자가 아닙니까? 강화도로 유배된 지 1년도 되지 않았는데, 벌써 풀어 준다니요!

> 좌승지의 말씀이 지당하십니다. 무릇 왕실의 친척이 저지른 죄라면 더욱 엄하게 처벌해야 합니다. 그래야 나라의 기강이 바로 서는 것 아니겠습니까?

좌부승지도 거들었어.

그러자 사람 좋은 우승지가 나섰어.

자, 자 흥분들을 가라앉히시고 차분히 생각해 봅시다. 이분은 환갑이 내일 모레인데 계속해서 섬에 가두는 것이 어찌 인정 있는 임금이 할 일입니까? 또한 왕실의 친척이기에더 가혹한 벌을 받아야 한다는 것도 사리에 맞지 않습니다. 법은 모든 사람에게 공평하게 적용되어야 하지요.

가장 벼슬이 낮은 동부승지도 한마디 했어.

오늘 상참에서 충청도 병마절도사가 뇌물을 받아 귀양 가게 된 것을 모두 아시지 않습니까? 이렇듯 지금 지방 곳곳의 병마절도사들뿐 아니라 고을 사또들까지도 백성들의 재물을 빼앗는 데 맛이 들려 있습니다. 이런 때 법을 엄하게 세우지 않으면 나라가 무너질지도 모릅니다. 그러니 경기도 병마절도사를 풀어 주라는 주상 전하의 전교는 마땅히 거두어져야 할 것입니다.

어라? 이거 좀 이상한 걸? 국왕이 내린 명령을 두고 비서인 승지들이 거둘 수도 있는 것일까?

조선 시대에는 이런 일이 자주 벌어졌어. 임금의 명령이라도 법과 도리에 어긋난다는 생각이 들면 승정원이 나서서 그 전교를 되돌려 보낼 수가 있었지. 이걸 '작환'이라고 불렀단다.

"내 뜻도 여러 승지들의 의견과 같소. 이번 전하의 전교를 작환하도록 합시다."

이후엔 어떤 일이 벌어졌을까? 자신의 명령을 되돌렸다며 왕이 승지들을 벌주지 않았을까? 놀랍게도 그런 일은 거의 없었어. 왕은 대부분 신하들의 말을 들었지. 다시 같은 전교를 내리는 경우도 있었지만, 그러면 신하들이 벼슬을 그만두고는 고향으로 내려가 버렸단다. 이것 참, 조선은 왕이 마음대로 하는 나라가 아니었구나.

조선 사람 더 알아보기
요람에서 무덤까지 조선 양반의 일생

■ 탄생

■ 어린 시절 서당에서 글공부

■ 관례 : 어른이 되는 의식

조선은 신분 사회

지금이야 모두가 평등한 세상이지만, 조선 시대는 태어나면서 신분이 달라지는 사회였어.

조선 시대의 신분은 크게 '양인'과 '천민'으로 나뉘었어. 쉽게 말해서 양인은 보통사람, 천민은 천한 사람을 뜻해. 사람이 아니라 물건 취급을 받았던 노비가 천민의 대명사지.

하지만 양인이라고 해서 모두 같은 사람은 아니었단다. 이들은 다시 양반과 중인, 상민으로 나뉘었거든. 양반은 높은 벼슬에 올라 국왕을 도와서 나라를 다스렸던 사람들이고, 중인은 낮은 벼슬에 있으면서 양반을 도왔던 사람들, 상민은 농사를 짓던 일반 백성들이라고 생각하면 쉬워. 그러니까 조선 시대의 신분은 양반-중인-상민-천민의 4가지로 나뉘었던 거야.

■ 혼례

양반의 일생

그렇다면 임금을 도와 조선을 다스렸던 양반의 일생은 어떠했을까? 그중에서도 벼슬길에 오를 수 있었던 남자 양반들의 일생을 살펴보자.

우선 이들은 어린 시절부터 글공부를 열심히 해야 했어. 서너 살이 되면 아버지나 할아버지에게서 글을 배우기 시작했고, 일이 년 뒤부터는 동네 서당에 다니면서 본격적으로 공부를 했지.

그러다 15살쯤 되면 관례를 치렀어. 관례란 어른이 되는 의식이야. 묶어서 길게 늘어뜨린 머리를 쪽찌어 올려 상투를 틀었어. 이때 집안사람들이 모여서 잔치를 벌였지.

이제부터는 아이가 아니라 어른이야. 다른 양반집 딸과 혼례를 치를 수도 있었어. 물론 자유로운 연애는 금지! 조선 양반의 결혼은 중매를 통해서 부모가 결정하는 것이었어.

양반들의 가장 큰 소원은 과거에 합격해서 벼슬길에 오르는 일이었지. 3년에 한 번 치르는 과거 시험은 합격자가 겨우 수십 명에 불과할 정도로 어려웠어. 그래서 공부를 열심히 해야 했어.

과거에 급제하면 드디어 벼슬길에 올랐어. 하지만 벼슬에서 쫓겨나고 귀양을 가는 일도 흔했어.

조선 시대에는 지금처럼 정해진 정년은 없었어. 나이가 많으면 신하 스스로가 퇴직을 청해서 고향으로 돌아가 남은 인생을 보냈지.

■ 늙어서 고향으로

■ 때로는 귀양

■ 양반의 꿈인 과거 합격

■ 벼슬길

3 의관은 종기를 미워해!

궁금해요

내의원 : 조선 시대 궁궐에 자리 잡은 왕실 전용 병원이야. 왕과 왕비를 비롯한 왕족들의 병을 고칠 뿐 아니라 백성들을 위해 의학을 연구하기도 했어. 유네스코 세계유산인 《동의보감》을 쓴 허준 선생이 바로 내의원의 의관 출신이셔. 의관에는 지금의 의사인 의원뿐 아니라 내의원을 책임지는 문관들, 행정을 담당하는 관리들도 포함되었단다.

"댕, 댕, 댕……."

멀리서 파루 소리가 들리는 것을 보니 벌써 새벽이야. 궁궐의 가장 안쪽에 자리 잡은 *내의원 숙직실에 있던 김 의원은 자리에서 일어섰어.

"벌써 5일째로군……."

임금님이 종기로 고생하신 지 벌써 5일이 지났어. 그동안 내의원은 비상 상태였어. 처음에 처방한 약이 별 효과가 없자, 무슨 약을 쓸 것인가 회의에 회의를 거듭했지.

내의원의 의원들은 모두 집에 못 가고 내의원을 지켜야 했어. 언제 무슨 일이 터질지 모르니까. 김 의원도 5일째 집에 못 가고 숙직실에서 잠깐 눈을 붙이며 종기 치료에 최선을 다하고 있었어.

숙직실 한쪽에서 잠을 자던 박 의원이 기지개를 켜며 나왔어. 김 의원과 박 의원은 나란히 *의과에 합격한 후에 같이 내의원으로 들어와서 일하는 사이야. 마침 나이도 같아서 친구처럼 지내고 있지.

> **궁금해요**
> 의과 : 조선의 과거 시험은 문신들을 뽑는 문과, 무신을 뽑는 무과, 기타 기술 관리들을 뽑는 잡과로 나뉘었어. 잡과는 주로 중인들이 응시를 했는데, 의원을 뽑은 의과, 통역관을 뽑는 역과, 법률가를 뽑는 율과 등이 있었어.

매사에 천하태평에다 덤벙거리는 박 의원과는 달리, 김 의원은 꼼꼼한 성격이야.

이번에도 전하의 종기 치료에 도움이 될 만한 기록을 찾느라 내의원의 책방을 샅샅이 뒤졌어. 아무래도 이번 종기는 느낌이 좋지 않아. 며칠째 안으로 곪아 들어가면서 벌게지는 것이 도무지 나을 기미를 보이지 않았거든.

그러자 박 의원의 얼굴에서도 웃음기가 가셨어. 실제로 임금님이 만약 잘못되시기라도 하면 어의들은 모두 큰 벌을 받게 될 거야.

"이보게, 자네 심정을 몰라서 그런 것은 아니네. 그렇다고 이렇게 계속 밤을 샌다고 무슨 새로운 수가 나겠는가? 오히려 잠을 좀 자 두면 머리가 맑아져서 새로운 처방이 떠오를 수도 있을 걸세."

● 약을 조제할 때 쓰는 물건들

| 약저울 | 약작두 | 약절구 | 납석약탕기
| 약주전자 | 약조제상 | 약함 | 의약 서적

　이런, 벌써 시간이 이렇게 되었네. 김 의원은 부랴부랴 옷매무새를 고치고 최 의원을 찾아 나섰어. 최 의원은 김 의원과 박 의원보다 한참 먼저 내의원에서 일하기 시작한 선배 어의였어. 최 의원은 마시는 탕약을 만드는 의술이 조선 최고라 일컬어지는 분이었지.
　이렇게 어의들은 저마다 전문분야가 있었어. 박 의원은 침술이 뛰어났고, 김 의원은 고약을 잘 만들었지. 약을 만드는 제조실에서 최 의원을 찾은 김 의원은 함께 강녕전으로 향했어.

"전하, 밤새 잘 주무셨사옵니까? 옥체는 좀 어떠하신지요?"

도승지가 문안 인사를 드리는 사이에 김 의원은 전하의 용안을 살펴보았어.

이런, 별 차도가 없는 것이 확실해. 오히려 어제보다 얼굴이 붓고 안색이 흐려진 것이 더 나빠진 것 같아. 마지막으로 기댔던 박달나무 열매 고약마저 효과가 없다니……. 내 평생 고약에 관해서만은 최고라 자부했지만, 결국 우물 안 개구리였군그래. 전하의 종기에 전혀 손을 쓸 수 없다니…….

"망극하옵니다, 전하. 전하께서 말씀하신 대로 박달나무 열매로 만든 고약이 틀림없사오니, 아뢰옵기 황공하오나 며칠 더 붙여보시면 분명 큰 차도가 있을 것이옵니다."

최 의원이 민망한 듯 전하께 아뢰었어.

하지만 이건 위험하지 않을까? 종기라는 것이 때를 놓치면 환자가 의식을 잃을 정도로 위험한 병이야. 전하의 꿈에만 기대어 약효도 확실치 않은 박달나무 열매 고약을 계속 고집하다 큰일이 날 수도 있어.

이런 생각을 하면서 김 의원은 내의원으로 돌아왔어. 그제야 최 의원에게 자신의 생각을 말했지.

역시 십수 년째 내의원에서 살아남은 최 의원다웠어. 큰일이 생기면 책임을 피할 궁리부터 하는 것이 말이야. 이런 식으로 살았으니 오늘 이 자리까지 올라갔겠지. 뭐, 어찌 보면 큰 욕심이 없기 때문에 그럴지도 몰라.

하긴 최 의원은 처음 봤을 때부터 좀 특이했어.

의원들은 대부분 중인 출신인데 최 의원은 양반 가문에서 태어났지.

*문과를 몇 번 봤는데, 볼 때마다 낙방을 해서는 잡과를 치기로 마음먹었다 하더군. 아주 가끔이지만 이런 양반도 있는 모양이야.

전에 내의원 관리들의 회식 자리에서 최 의원이 한 말이 떠오르는군.

'난 내의원이 좋다. 내가 만약 문과에 합격해서 벼슬길에 올랐으면 귀양을 가거나 심지어 사약을 받을 수도 있지만, 이곳에서는 큰 문제만 일으키지 않으면 평생 잘 먹고 잘 살 수 있으니……'

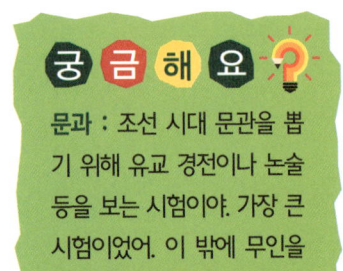

문과 : 조선 시대 문관을 뽑기 위해 유교 경전이나 논술 등을 보는 시험이야. 가장 큰 시험이었어. 이 밖에 무인을 뽑는 무과, 의관 등 전문 기술관을 뽑는 잡과가 있었지.

사실 최 의원의 심정을 모르는 바도 아니야. 그의 집안이 예전에는 대대로 높은 벼슬을 했지만, 당파 싸움에 휘말려 한동안 과거를 볼 수도 없었다니까. 겨우 다시 과거를 볼 수 있는 자격을 얻었지만 애초에 출세는 포기한 모양이야.

그래도 이건 아니지. 우리가 궁궐에 들어온 것은 주상 전하의 병을 고치기 위함이 아닌가? 만약 그럴 능력이 없다면 마땅히 물러나야 도리거늘…….

김 의원이 한마디 더 하려는데 박 의원이 슬며시 옷소매를 잡아끌었어. 약의 재료를 보관하는 곳으로 이끌어 가서는 조용히 말했지.

"그렇게 잘 아는 자네는 왜 전하의 종기를 못 고치고 있나? 어차피 지금은 다른 방법이 있는 것도 아니지 않은가? 최 의원 말씀처럼 박달나무 열매 고약을 좀 더 써 보는 것이 최선일세. 혹시 아는가? 당장 내일이라도 전하의 종기가 씻은 듯이 나을지…….."

"끙……."

김 의원은 더 이상 대꾸할 말이 생각나지 않았어. 사실 자신이 진작 제대로 된 고약을 만들었다면 이런 일도 없었을 테니까.

궁궐에서 주는 아침밥도 뜨는 둥 마는 둥, 다시 의학 서적을 보관하고 있는 방으로 들어가 책들을 뒤지기 시작했지. 내가 알지 못하는 종기의 특효약이 있지는 않을까? 하다못해 박달나무 열매의 효능을 적어놓은 의서라도 찾으면 좋으련만……

얼마나 시간이 지났을까? 박 의원이 찾아와서 곧 내의원 회의가 시작된다고 알려 주었어. 이번 회의는 내의원 *도제조를 맡고 있는 영의정까지 참석한다고 했어. 그만큼 전하의 병세가 심각하다는 이야기야. 그렇다면 영의정이 있는 자리에서 한번 이야기를 해 볼까?

기다란 탁자가 있는 내의원 회의실에는 영의정을 중심으로 여러 사람들이 빙 둘러 앉았어. 먼저 영의정이 입을 열었어.

전하의 병세가 깊어진 지도 벌써 여러 날째요. 신하된 자로서 죄스런 마음을 금할 길이 없소. 천만 다행으로 하늘이 무심치 않아 전하의 꿈을 통해 치료약을 알려 주셨는데, 그마저 차도가 없다니 이 일을 어찌하면 좋겠소?

그래도 오늘 경연 때 전하의 용안을 뵈오니 기색이 그리 나쁘지 않았습니다. 상궁의 이야기를 들으니 오늘 아침 수라도 잘 드셨다고 하더이다. 이 모두 하늘이 알려준 박달나무 열매 고약의 효험이 아니겠습니까?

궁금해요

도제조 : 도제조는 조선 시대 관청마다 으뜸 벼슬을 가리키는 말이야. 보통은 정승들이 겸임을 했는데, 내의원의 경우에는 영의정이 도제조를 맡는 경우가 많았어. 직접 일을 하지는 않았지만, 중요한 결정을 내리는 역할을 했지. 도제조 아래에는 제조, 부제조가 있었는데, 내의원의 부제조는 보통 승지가 맡았어.

이어서 부제조를 맡고 있는 우승지가 무겁게 입을 열고 말하자, 안절부절 못하고 있던 최 의원이 옳다구나 거들었어.

맞습니다. 영의정 대감. 원래 종기라는 것이 하루아침에 완치되는 병이 아닙니다. 더구나 전하께서는 기력이 많이 쇠하셨으니 고약을 계속 붙이면서 원기를 회복하는 탕약까지 드시면 며칠 안으로 좋아지실 것입니다.

"허, 그렇게만 된다면 얼마나 좋겠소? 최 의원, 박달나무 열매 고약은 충분하오?"

"물론입니다. 어제도 밤을 새워 고약을 만들어 두었습니다."

"좋소, 그럼 최 의원만 믿겠소."

경연 때 보니 확실히 좋아지셨다고? 그렇다면 내 생각이 틀린 것일까? 그렇다면 오히려 다행이야. 전하의 옥체만 다시 건강해지실 수 있다면 무슨 상관인가?

하지만 마음 한구석 이 불길한 느낌은 무엇일까? 최 의원의 말과는 달리 종기라는 병은 나빠지는 것도 순간이지만 회복도 순식간이야. 그래도 지금은 특별한 방법이 없으니 일단 영의정 대감의 말처럼 박달나무 열매 고약을 더 써볼 수밖에.

조선 사람 더 알아보기

의사, 변호사, 통역관……, 조선 시대 중인들

중인은 누구인가?

가운데 중(中)에 사람 인(人). 그러니까 중인이란 '가운데 있는 사람들'이란 뜻이야. 양반과 상민의 중간에 있다는 의미지.

중인들은 크게 두 가지 부류로 나뉘었어. 통역사인 역관, 의사인 의관, 회계사인 산관, 법률가인 율관 등, 지금으로 치면 전문직에 해당하는 사람들이 한 부류야.

또 한 부류는 지방 수령들을 도와서 일을 하던 향리나 서리 같은 하급 관리들이지.

그러니까 조선 시대의 중인이란 요즘으로 치면 의사, 변호사, 회계사나 지방 공무원쯤이 되는 셈이야.

또 하나, 첩을 통해 얻은 서얼들도 중인 신분이 되었어. 아버지가 아무리 높은 벼슬을 하는 양반이라 하더라도 첩의 자식은 문과를 볼 수 없었던 거야. 그래서 이들 중 상당수는 잡과를 통해 전문직으로 나아갔단다.

36

중인들은 어떤 일을 했나?

조선을 다스린 것은 양반이었지만, 중인들의 역할도 아주 중요했어. 양반들은 관청을 자주 옮겨 다녀서 구체적인 일을 잘 몰랐거든. 전문가인 중인들은 오랫동안 한 가지 일을 했으니 이들이 없으면 나라가 운영되지 않을 정도였지.

예를 들어 역관의 경우에는 단순히 통역만 한 것이 아니라 때로는 외교관의 역할까지 했어. 이들은 외국을 오가면서 장사를 해서 많은 돈을 벌기도 했단다. 왕에서 백성들까지 모든 사람의 병을 치료하던 의관들이야 말할 것도 없고, 산관과 율관들도 나랏일에서 빠져선 안 될 사람들이었어. 몇 년마다 맡은 지역을 옮겨야 하는 지방 수령들은 그 지방 토박이인 향리들이 없으면 제대로 다스릴 수가 없었어.

중인들이 사는 곳

한양에서 중인들이 모여 사는 동네도 중촌이라 불렀어. 조선 시대의 한양은 청계천을 중심으로 높은 벼슬아치들이 사는 북촌, 낮은 벼슬아치나 군인들이 사는 남촌, 중인들이 사는 중촌으로 나뉘었지.

물론 중인들이 모두 중촌에만 살았던 것은 아니야. 중인 중에서도 특히 역관이나 의원들이 청계천 일대 중촌에 모여 살았단다. 이들 중 일부는 양반 못지않게 으리으리한 집을 짓고서 떵떵거리며 살기도 했어.

4 눈코 뜰 새 없이 바쁜 안방마님의 아침

"댕, 댕, 댕……."
파루의 종이 울리는 시각, 도승지의 부인 유 씨의 하루는 이미 시작되고 있었어.
어제 궁궐에서 늦게 돌아온 남편이 아침 일찍 조회가 있어서 일찍 나가야 한다고 이야기했거든. 남편의 이른 출근을 위해서는 여종들이 자릿조반을 제대로 준비하는지, 남편의 출근 준비를 잘 돕는지 살펴야 했어.

> **궁금해요**
> 찬모 : 밥을 짓고 반찬을 만드는 여종을 가리키는 말이야. 살림이 넉넉한 양반집에는 찬모뿐 아니라 아이를 키우는 유모, 바느질을 하는 침모도 있었어. 그렇다고 안방마님이 살림을 못한 것은 아냐. 양반 여인들은 어려서부터 바느질과 요리 같은 살림을 배웠단다.

몸종이 떠놓은 따뜻한 세숫물로 세수를 하고 옷을 입은 뒤에 우선 부엌으로 갔지. 그곳에선 벌써 *찬모들이 부산하게 움직이고 있었어. 가마솥 안에 흰죽이 부글부글 끓고 있었지. 흰죽은 남편이 가장 좋아하는 조반 메뉴야. 새벽에 흰죽을 먹으면 속이 편안하고 몸이 따뜻해져서 기운이 난다고 해.
"흰죽과 함께 내갈 반찬은 준비되었느냐?"
"예, 마님. 무김치와 간장, 게로 만든 젓갈 등을 준비해 두었사옵니다."
음, 이 정도면 됐군. 게로 만든 젓갈은 남편이 특히 좋아하는 반찬이야. 흰죽에 살짝 비벼 먹으면 몇 그릇이라도 먹을 수 있노라고 입버릇처럼 말하곤 했지.
이제는 몸종을 시켜 남편을 깨우기만 하면 되겠군.

"얘, 언년아. 너는 지금 바로 세숫물과 수건을 들고 사랑채로 가서 영감마님을 깨우도록 해라."

"예, 마님."

이것으로 남편의 출근 준비는 얼추 끝낸 것 같아.

이제부터는 자유 시간이냐고? 아니. 양반 댁 안방마님의 일은 이제부터 시작이야.

시부모님과 남편의 형제자매들, 거기에 딸린 식구들과 종까지 백여 명이 넘는 대가족의 살림을 책임지는 일을 제대로 하려면 하루가 짧은 법이지.

제일 먼저 챙겨야 하는 것은 땔감이야. 음식을 하거나 아직도 쌀쌀한 새벽에 군불을 때기 위해서는 땔감이 필수였거든.

유 씨는 땔감을 책임지고 있는 행랑아범을 불렀어. 행랑아범이 누구냐고? 양반집에서 하인들이 머무는 방을 '행랑채'라고 했고, 이곳에 사는 남자 하인을 '행랑아범'이라고 했지.

개똥이는 행랑아범의 아들 이름이야.

아무리 하인이어도 그렇지 개똥이가 뭐냐고?

옛날에는 이름을 천하게 지으면 오래 산다고 믿었어. 개똥이 위로 형이 하나 있었는데 돌을 넘기지 못하고 죽어서 둘째 이름을 개똥이라 지은 거야.

아무튼 그렇다면 행랑아범을 보내서 땔감을 사와야겠군.

가만, 그리고 또 어떤 일을 해야 하지? 맞아, 오늘은 손님들이 줄줄이 온다고 했어. 오후에는 사촌동생들이 놀러 오기로 했고, 남편 손님들도 여럿이 사랑채로 온다고 했지.

손님맞이는 각별히 신경 써서 해야 할 안방마님의 일이야. 조선 시대에는 요즘과는 비교할 수 없을 정도로 손님들이 많이 찾아왔거든. 수십 명이나 되는 대가족이 한집에 살았으니까. 게다가 요즘처럼 전화나 이메일로 소식을 전할 수도 없었으니 볼일이 있으면 직접 만나야 했어. 이렇게 찾아오는 손님들을 대접하는 것은 모두 안방마님의 몫이었지.

오늘은 특별히 남편에게 중요한 손님이 찾아오신다니 무엇을 대접한다? 얼마 전 전라도의 스님이 보내 주신 귀한 차가 있으니 그걸 내야겠다. 차와 함께 내갈 다과는 무엇으로 할꼬?

여기까지 생각하다 말고 유 씨는 흠칫 놀랐어.

가만, 남편을 깨우러 간 언년이는 어째서 아직도 안 오는 걸까? 남편이 따로 심부름이라도 시켰을까? 그렇다 하더라도 흰죽을 사랑채로 가져갈 시간이 벌써 지난 것 같은데?

조바심이 난 유 씨는 안채 마당을 쓸고 있던 사내 종 칠복이를 사랑채로 보냈어. 그랬더니 잠시 뒤에 칠복이가 언년이를 데리고 돌아왔어.

그러고는 남편을 배웅하기 위해 사랑채로 갔지만 이미 도승지는 궁궐로 출발한 다음이었어.

유 씨는 안타까움에 발을 동동 굴렀지. 어제 늦게까지 일하시느라 피곤하실 텐데 조반도 못 드셔서 어쩐다?

이따 칠복이 편에 *공고상이라도 따로 차려 보내야겠군. 물론 도승지가 높은 벼슬이라 궁궐에서 점심이 나오지만, 집에서 따로 음식을 보내야 미안한 마음이 조금이라도 가벼워질 것 같아.

이렇게 언년이와 실랑이를 하고 있는 사이에 부엌에 있던 찬모가 나와서 물었어.

"마님, 아침은 어떻게 할깝쇼?"

이런 눈치 없는 사람을 보았나. 지금 하늘 같은 서방님이 죽 한 그릇도 못 잡숫고 새벽같이 나갔는데 어찌 밥이 넘어 가겠나?

"나는 생각 없다. 너희들이나 많이 먹도록 하여라."

유 씨는 쌩 하고 찬바람을 일으키며 안방으로 들어가 버렸어. 남편한테 미안하고 언년이가 괘씸했지만, 언년이에게 소식이 없을 때 좀 더 일찍 챙기지 못한 것도 후회가 되었어. 방 안에 가만히 앉아 있으니 그래도 조금은 안정이 되었어.

> **궁금해요**
>
> **공고상**: 공고상이란 머리에 이고 나를 수 있는 작은 상을 말해. 조선 시대 궁궐에서 일하는 신하들은 원래 점심 식사가 제공되었는데, 점차 나라 살림이 어려워지자 높은 벼슬아치들에게만 점심을 줬어. 벼슬이 낮은 신하들은 집에서 하인들이 공고상에 차려온 음식으로 점심을 해결했단다.

| 공고상

> 그래, 내가 지금 이러고 있을 때가 아니지. 오늘 손님 대접에, 내일이 시조모님 제사니 할 일이 한두 가지가 아니지 않은가? 언년이를 따끔하게 혼내는 것도 우선 큰일들을 좀 하고 나서 해도 늦지 않을 것이야.

유 씨는 다시 안방을 나서서 부엌으로 향했어.

"여보게 찬모, 오늘 귀한 손님들이 오시니 다과상을 잘 차려야 하네. 차는 며칠 전에 스님이 보내 주신 녹차가 있으니 괜찮은데, 차에 어울리는 음식은 무엇으로 하는 게 좋겠나?"

"마침 얼마 전에 좌승지 나리 댁에서 보내온 꿀이 있으니 *다식을 만드는 것은 어떻겠습니까?"

좌승지 댁에서 보내온 꿀을 바로 요긴하게 쓰게 되었구나. 지난번에는 귀한 종이를 보내 주더니 이번에는 꿀까지 보내왔네. 그나저나 꿀을 받았으니 우리는 무엇을 보내야 할까? 다식을 좀 많이 해서 보내 드리는 것은 어떨까?

이렇게 조선 시대에는 선물을 주고받는 일이 흔했어. 시장에서 사는 것보다 선물로 필요한 물건을 받는 경우가 더 많을 정도였어. 아직 시장이 발달하지 않아서 필요한 물건을 모두 시장에서 살 수가 없었거든. 그래서 누구나 물건이 생기면 자기가 필요한 만큼만 쓰고 남는 것은 다른 사람에게 선물을 했지. 이렇게 선물을 주고받는 것도 조선 시대 안방마님들의 중요한 일이었단다.

"마님, 땔나무를 사왔습니다요."

행랑아범이 산더미 같은 땔감을 실은 나귀를 몰고 들어오며 말했어. 이 정도면 보름은 충분할 것 같아.

"수고했네. 어서 장작을 패 놓도록 하게."

"예, 마님."

다식 : 다식은 쌀가루와 꿀을 버무려 나무 판에 찍어내는 과자야. 나무 판에는 꽃과 나무 같은 다양한 무늬가 새겨져 있어서 보기에도 좋고 맛도 좋았어. 조금 떫은 차와 함께 먹으면 딱 좋았지.

여러 모양으로 된 다식판

땔감을 들여놓으니 뭔가 큰일을 한 것처럼 한시름 놓이는 느낌이야. 이제부터는 집안 구석구석 청소를 하면서 손님 맞을 준비를 해 보실까?
물론 안방마님이 직접 빗자루를 드는 일은 없어. 대신 하인들에게 여기를 쓸어라, 저기를 닦아라, 지시를 할 뿐이지.

집안 여기저기 다니며 청소를 시키다가 사랑방에 책들이 어지러이 흩어져 있는 것을 보았어.

"이런, 이러니 필요한 책을 못 찾지. 내 오늘은 서방님의 책들을 싹 정리해야겠다."

도승지는 책이라면 자다가도 벌떡 일어날 정도로 좋아했지만 정리에는 영 서툴렀어. 집안 곳곳에 책을 보다 놔두고는 찾아 헤매기 일쑤였지. 살림 솜씨가 좋은 안방마님이 가끔 책 정리를 했지만, 얼마 지나지 않아 도로 엉망이 되곤 했어.

오늘은 특별한 손님들도 오신다니 그분들도 보면 놀랄 정도로 깔끔하게 책 정리를 해 볼 생각이야.

우선 하인 둘을 불렀어.

"지금부터 너희들은 집안 곳곳을 다니면서 책들을 모두 모아서 아랫방으로 가져오너라."

하인들은 정말 산더미처럼 많은 책들을 가져왔어. 그러자 유 씨는 이웃집에 사는 사위를 불러서 이렇게 말했지.

"지금부터 자네 장인 책 정리를 하려고 하네. 우선 책마다 위쪽 테두리에 작은 붓으로 제목을 쓰도록 하게. 그걸 보기 좋게 세워 놓으면 앞으로 자네 장인이 책을 찾아 헤매는 일은 없을 것이야."

사위는 장모님의 지혜에 감탄했어. 사위가 책마다 작은 글씨로 제목을 다 써 넣자, 다시 종류별로 책을 분류하라고 시켰어. 그러고는 작은 제목이 잘 보이게 책을 꽂아두었지.

책 정리를 마치니 벌써 점심때가 가까워졌어. 남편이 좋아하는 반찬을 담아서 칠복이에게 들려 보내고는 수고한 사위에게도 점심을 대접했지. 자신도 오늘 처음 밥을 먹었고 말이야.

유 씨는 점심을 먹고 나서는 안방으로 들어갔어.

어제 *세책점에서 빌려온 한글 소설을 읽기 위해서야. 〈장화홍련전〉이라고 했던가. 장화와 홍련 자매의 이야기가 너무 슬프고 무서웠지만 점점 빨려 들어만 갔어.

얼마나 시간이 흘렀을까?

가만, 내가 이러고 있을 때가 아니지. 내일 있을 제사 음식을 준비해야 하잖아? 짬짬이 장을 보았지만 아직 부족한 것들이 있을 텐데……. 유 씨는 아쉬운 듯이 입맛을 다시면서 책을 덮고는 다시 부엌으로 향했어.

> **궁금해요**
>
> **세책점 :** 조선 시대에는 책이 귀했어. 그래서 돈을 받고 책을 빌려주는 세책점이 인기를 끌었지. 특히 양반집 여인들은 이곳에서 한글 소설을 많이 빌려 보았단다. 양반 남성들은 대부분 한자로 된 책을 읽었지만 여인들은 한글을 더 많이 썼거든. 〈홍길동전〉, 〈춘향전〉, 〈심청전〉 등이 인기 있는 한글 소설이었어.

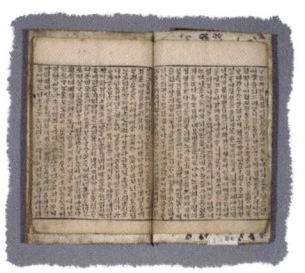
┃ 홍길동전

┃ 심청전

┃ 춘향전

조선 사람 더 알아보기

많기도 하여라, 안방마님이 하는 일

집안일

도승지의 부인 유 씨만 이렇게 많은 일을 했던 건 아니야. 조선 시대 안방마님들은 대부분 아주 많은 일들을 도맡아 해냈단다.

음식 장만과 청소, 빨래, 옷 만들기 같은 집안일은 기본이었어. 적게는 수십 명, 많게는 수백 명이 넘는 대가족의 집안일을 챙기는 것은 간단한 일이 아니었지. 아무리 하인들을 시켜서 하는 일이었지만 말이야.

제사와 손님 접대

다음으로는 제사를 준비하고 손님을 접대하는 일이 있었어. 이 또한 만만한 일이 아니었지. 조선 시대에는 지금보다 제사가 훨씬 자주 있었거든. 거기다 손님들 또한 거의 매일같이 여러 명이 들락거렸으니까.

조선 중기 양반이었던 유희춘이 남긴 〈미암일기〉를 보면 하루에 열 명의 손님이 찾아왔다는 기록도 있어. 이들에게 차와 다과, 술과 밥 등을 대접하는 것 또한 안방마님의 몫이었지. 지금처럼 마트에서 음식을 사오거나 전화 한 통으로 배달을 시킬 수도 없었으니, 음식 준비는 언제나 손이 많이 가고 신경 쓰이는 일이었단다.

살림 장만과 수리

집안에 필요한 각종 살림살이들을 장만하는 것도 안방마님이 할 일이야. 조선 시대 양반 남자들은 대부분 집안 살림에는 별로 신경 쓰지 않았거든. 지금으로 치면 자가용에 해당하는 가마를 수리하거나 병풍을 만들고 심지어 집안에 헛간을 새로 짓는 것도 안방마님이 책임졌지.

아이의 교육

아이들을 낳고 길렀을 뿐 아니라 어린 시절 교육까지 어머니가 도맡아 했어. 아이가 어느 정도 자라면 아버지나 할아버지가 글을 가르치기도 했지만 그 전까지는 어머니가 아이 교육을 맡았지.

재산 관리

집안의 재산을 관리하고 불리는 것도 안방마님의 일이었어. 곳간 열쇠를 쥐고 허투루 나가는 돈이 한 푼도 없도록 꼼꼼히 챙겼을 뿐 아니라 땅이나 집을 사고 돈과 쌀을 빌려준 뒤에 이자를 받기도 했단다. 이렇게 마련한 재산으로 마을에 굶주리는 사람이 생기면 도와주기도 했지. 어때? 이 정도면 조선 시대의 가정은 안방마님이 책임졌다고 해도 틀린 말이 아니지?

5 고달파라, 노비로 산다는 것은

"댕, 댕, 댕……."

멀리 파루의 종소리가 울리자 도승지 댁 *사노비인 칠복이도 일어났어. 잘 떠지지 않는 눈을 비비면서 말이야. 어제 영감마님이 늦게 오시는 바람에 물을 떠 드리고 등잔을 챙겨 드리는 등 잔심부름을 하느라 늦게 잠들었거든.

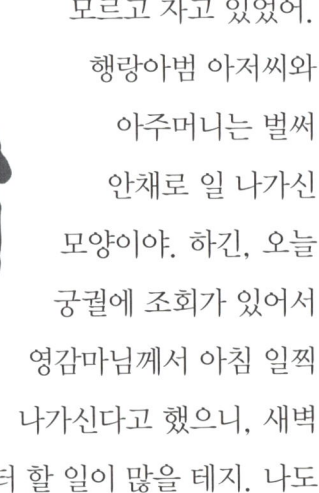

방안을 둘러보니 개똥이만 세상모르고 자고 있었어. 행랑아범 아저씨와 아주머니는 벌써 안채로 일 나가신 모양이야. 하긴, 오늘 궁궐에 조회가 있어서 영감마님께서 아침 일찍 나가신다고 했으니, 새벽부터 할 일이 많을 테지. 나도 더 미적거리다가는 마님한테 혼나겠는걸? 칠복이는 대충 저고리를 꿰입고는 행랑채 문을

> **궁금해요**
>
> **사노비** : 노비는 크게 나라와 관청에 소속되어 있는 공노비와 개인이 소유하는 사노비로 나뉘었어. 관청에서 허드렛일을 하는 하인뿐 아니라 물건을 만드는 기술자들도 대부분 노비였단다. 이들은 아주 많은 일들을 했지. 조선 시대의 관청은 노비가 없으면 전혀 돌아가지 않을 정도였다니까.

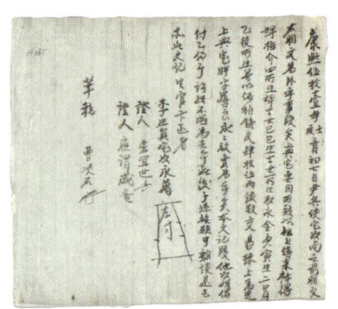

| 노비매매문서

48

열었어.

칠복이는 행랑채에서 개똥이네 식구들과 함께 지내고 있어. 칠복이한테는 가족이 없거든. 아니, 사실은 어딘가에 가족들이 살고 있을지도 몰라.

칠복이가 다섯 살 때 흉년 탓에 먹고 살기 힘들어진 부모님이 칠복이를 도승지 영감 댁에 맡겼어. 그러고는 마을을 떠나셨는데, 살았는지 죽었는지 십여 년이 지난 아직도 소식 한 자 없으셔.

부모님은 어엿한 상민이었지만, 이렇게 맡겨진 칠복이는 도승지 댁의 노비가 되었지. 조선 시대에는 굶주림 때문에 버려진 아이를 데려다 키우면 노비를 삼을 수가 있었거든. 그러고는 행랑채에서 개똥이네 식구들과 함께 살게 된 거야. 아, 그때는 개똥이가 아직 태어나기 전이었어.

행랑아범 아저씨와 아주머니는 칠복이를 친아들처럼 잘 돌봐 주셨지. 아저씨도 어린 시절에 나처럼 맡겨졌기 때문에, 칠복이가 남같이 느껴지지 않는다고 말씀하셨어. 개똥이가 태어난 뒤에는 칠복이도 개똥이를 친동생처럼 아껴 주었지.

행랑채를 나선 칠복이는 빗자루를 들고 대문 앞길부터 쓸었어. 영감마님을 모셔가기 위해서 관청 사람들이 올 거니까 집 앞이 깨끗해야 했거든. 안방마님은 늘 집 앞이 우리 집안의 얼굴이라고 말씀하셨어. 얼굴이 깨끗해야 사람들에게 부끄럽지 않은 거라고. 아침에 일어나면 집안 얼굴 단장부터 해야 한다고 하셨지.

집 앞을 다 쓸고, 사랑채 마당도 쓴 뒤에 안채로 올라갔어. 안채 마당을 막 쓸려고 하는데 안방마님이 부르셨어.

아이고, 언년이가 오늘도 무슨 사고를 친 것은 아닐까? 칠복이보다 세 살 어린 언년이는 안방마님의 몸종인데 하는 일이 언제나 실수투성이였어. 물건을 들고 가다 떨어뜨리기 일쑤고 안방마님의 말씀을 제대로 알아듣지 못하는 일도 많았지. 부끄럼은 또 왜 그리 많은지, 무슨 말을 해도 똑 부러지게 말하는 법이 없었어.

그래도 마음만은 비단결같이 고왔어. 틈이 나면 개똥이랑도 잘 놀아 주고, 안채에서 특별한 음식을 하면 몰래 챙겨 놓았다가 칠복이에게 주기도 했지. 언년이는 찬모 아주머니의 딸이어서 부엌에 자주 드나들었거든.

아무튼 영감마님을 깨우러 간 언년이는 왜 아직도 소식이 없는 것일까? 가만, 아까 사랑채 마당을 쓸 때 보니까 언년이가 사랑방 앞에 서 있었잖아?

칠복이가 부랴부랴 사랑채로 달려가 보니, 언년이는 아까 모습 그대로 사랑방 앞에 서 있었어. 수건과 세숫물을 그대로 든 채 말이야.

칠복이가 언년이를 나무라고 있는데, 갑자기 사랑방에서 소리가 들렸어.

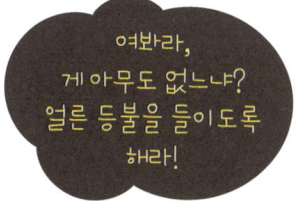

칠복이는 부리나케 아랫방으로 가서 등불을 들고 사랑방으로 들어갔어. 언년이는 수건과 세숫물을 들고 뒤를 따랐지. 영감마님이 세수를 마치자 칠복이가 물었어.

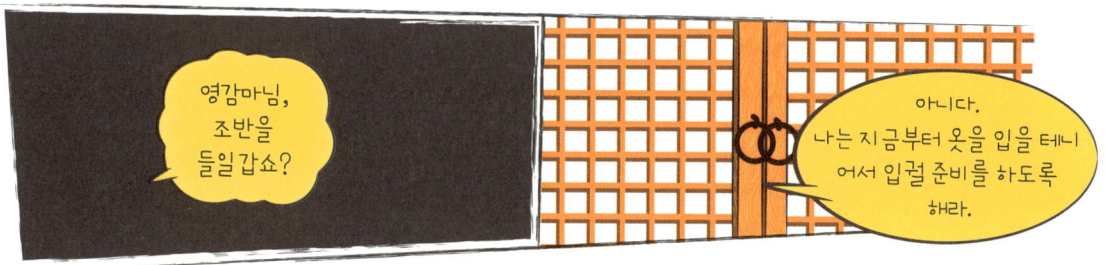

이런, 큰일이다. 영감마님께서 시간이 없어서 조반을 못 드신 걸 알면 늦게 깨운 언년이가 혼이 날 텐데.

칠복이는 이미 시무룩해진 언년이를 데리고 안채로 들어갔어.

아니나 다를까? 언년이가 한 일을 전해들은 안방마님은 화가 머리끝까지 나버렸지. 불행 중 다행이라면 바쁜 아침이라 당장 종아리를 맞지 않아도 된다는 사실이야. 마님은 아무리 화가 났어도 시간이 지나면 금방 풀어지시곤 했거든.

하지만 이번에는 정말 화가 많이 나신 것 같아서 걱정이 되는군.

안채뿐 아니라 별채와 사당 청소까지 끝내고 나니 어느새 아침 식사 시간이야. 언년이가 부엌에서 음식을 가져다가 행랑채에 차려 주었어.

아직도 울상인 언년이에게 칠복이가 말을 건넸어.

꺼억, 트림을 하면서 마당에 나가니 행랑아범 아저씨가 땔감을 내려놓고 있었어. 칠복이는 얼른 다가가서 땔감을 한쪽에 쌓아 놓고는 불 때기 좋은 크기로 장작을 패기 시작했어.

한참을 패고 나니 밥 먹은 것이 거짓말인 듯 배가 홀쭉해진 느낌이야. 이것 참, 정말 말이 씨가 되는군.

팬 장작을 아궁이 옆이랑 처마 밑에 잘 쌓아 놓으니 뭔가 큰일을 한 것 같아. 이제 평소처럼 주인댁 농장으로 나가서 일을 하려는데 안방마님이 부르셨어.

"칠복아, 너 지금 부엌에서 공고상을 받아다가 도승지 영감께 갖다 드리도록 하여라."

"예, 마님."

"그러고는 바로 천복이한테 가서 일을 좀 거들고."

"예, 분부대로 하겠습니다요."

공고상을 들고 궁궐로 가니 광화문을 지키던 군졸들이 아는 체를 했어. 이미 여러 번 공고상을 나르면서 낯이 익었거든.

"응, 칠복이 왔냐? 또 무슨 맛난 음식을 가지고 왔어? 우리 먹을 것도 좀 있냐?"

"네, 우리 도승지 영감이 *이른밥을 못 잡숫고 가셨다고 마님께서 특별히 보내신 겁니다요."

칠복이는 품속에서 마님이 군졸들 몫으로 챙겨준 떡 한 덩이를 꺼냈어.

"이게 웬 떡이냐?"

군졸들은 환한 웃음을 지으며 칠복이의 공고상을 받아다 승정원으로 보내 주었지. 빈 상이 오기를 기다리다가 군졸들끼리 하는 이야기를 들었어.

"이보게, 자네 주상 전하의 꿈 이야기를 들었나?"

"아니? 그게 무슨 소리여?"

"허, 궁궐에서 모르는 사람이 없다던데, 모르는 사람이 여기 있었군그래."

"이 사람, 그러지 말고 무슨 이야기인지 말 좀 해 보게."

그러자 군졸은 주상 전하의 신기한 꿈 이야기를 해 주었지. 옆에서 듣고 있던 칠복이도 참 신기한 일이라고 생각했어.

궁금해요

이른밥 : 이른밥은 조반의 다른 이름이야. 새벽에 일어나자마자 먹는 밥을 가리키지. 조선 시대 사람들은 보통 새벽에 일어났는데 아침은 느지막이 먹었거든. 사실 조선 시대에는 아침과 저녁 두 끼만 먹었어. 점심은 낮이 긴 여름에만 먹었는데 '낮밥'이라 불렀단다. 이른밥과 낮밥은 정식 끼니가 아니어서 죽이나 밥 몇 숟가락에 김치 정도로 간단히 먹었어.

세상에 이런 일도 있구나. 공고상을 다시 가져갈 때도, 주인댁의 농장으로 가서 천복이 아저씨와 일을 할 때도 임금님의 꿈 이야기는 머릿속을 떠나지 않았어.

천복이 아저씨도 신기한지 동그란 눈으로 연신 고개를 끄덕이며 들었어.

이웃 밭에서 김을 매고 있던 김 서방 아저씨가 무슨 재미난 이야기를 하느냐고 다가왔어. 그래서 다시 한 번 임금님의 꿈 이야기를 해 드렸지.

갑자기 김 서방 아저씨의 얼굴이 어두워졌어.

아니, 뭐가 큰일이라는 거야. 하늘이 도와서 전하가 그런 꿈을 꾸었고, 꿈에서 알려준 대로 고약을 만들어서 병이 나아가는 중이라고 하는데. 가만, 그러고 보니 김 서방 아저씨한테 고약 만드는 재주가 있다는 얘기를 들었던 것 같은데……

암만 봐도 농담으로 들리지 않았어. 하지만 궁궐에 뛰어난 의원들이 얼마나 많을 텐데, 그 사람들이 몽땅 모르는 것을 아저씨만 알고 있다는 건 이상하잖아? 아무리 아저씨가 고약을 잘 만든다 해도 말이야.

그런데 아저씨의 표정은 점점 더 심각해졌어. 골똘히 뭔가를 생각하더니 칠복이를 바라보며 말했어.

칠복이는 어리둥절한 표정으로 앞장서 가는 아저씨를 쳐다보았어. 이거, 이래도 되는 걸까?

지난번에 김 서방 아저씨가 만들어 준 고약을 붙이고 아들의 종기가 감쪽같이 나 았던 천복이 아저씨는 꿀 먹은 벙어리마냥 아무 말도 못했어. 에라, 모르겠다. 나야 뭐, 어차피 아저씨가 가자고 해서 따라나선 거니까. 일이 잘못되어도 아저씨가 책 임지시겠지. 그러고는 성큼성큼 걸어가는 김 서방 아저씨 뒤를 따라가기 시작했어.

조선 사람 더 알아보기

천차만별 노비 팔자

공노비와 사노비, 솔거노비와 외거노비

조선 시대의 노비가 공노비와 사노비로 나뉜다는 것은 조금 전에 읽어보았지? 이 중 사노비는 다시 주인집 안이나 인근에 살고 있는 솔거노비와 주인집과 제법 멀리 떨어져서 사는 외거노비로 나뉘었어. 그렇다면 여기서 질문 하나. 공노비와 사노비, 솔거노비와 외거노비 중에서 누가 더 힘들었을까?

노비야 주인이 시키면 무슨 일이든지 다 해야 하니 무슨 차이가 있었겠냐고? 물론 모든 노비가 힘들기는 했어. 하지만 처지에 따라서 더 힘들고 덜 힘든 경우가 분명 있었지.

힘든 사노비 생활

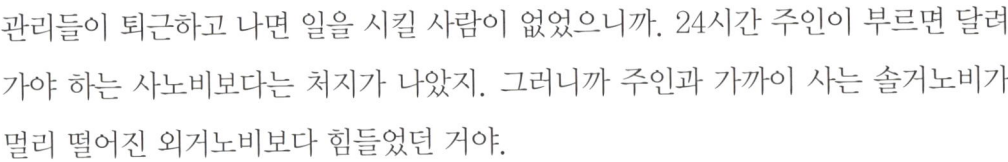

우선 사노비가 공노비보다 더 힘들었어. 관청에 속해 있는 공노비야 관리들이 퇴근하고 나면 일을 시킬 사람이 없었으니까. 24시간 주인이 부르면 달려가야 하는 사노비보다는 처지가 나았지. 그러니까 주인과 가까이 사는 솔거노비가 멀리 떨어진 외거노비보다 힘들었던 거야.

외거노비는 대부분 농사를 지으면서 정해진 곡식만 주인집에 보내면 되었거든. 남의 땅을 빌려서 농사를 짓는 소작인과 비슷한 처지였어.

노비도 재산을 가질 수 있었다?

조선 시대 외거노비 중에서는 상당한 재산을 모은 사람도 있었어. 주인집에 보내고 남은 곡식은 모두 자기가 가질 수 있었으니까. 더 열심히 일해서 더 많은 곡식을 거두면 자기 재산도 늘어나는 것이었거든. 게다가 다른 노비들을 관리하는 일을 하는 노비는 더 많은 재산을 모을 수 있었지.

그런데 노비도 재산을 가질 수 있었냐고? 조선 시대 노비들은 결혼을 했을 뿐 아니라 자기 재산도 가질 수 있었단다. 물론 악독한 주인을 만나면 재산을 빼앗기기도 했지만 말이야. 〈조선왕조실록〉에는 이렇게 많은 재산을 모은 노비들이 등장하기도 해.

성종 임금 때 충청도에 살던 임복이라는 사노비는 흉년이 들자 굶주린 백성들을 돕는 데 쓰라며 무려 2천 섬의 곡식을 내놓았어. 이 노비의 재산은 모두 8천 섬이었다고 해. 당시에 어마어마한 금액이었지. 또한 왕실에 소속된 노비나 힘 있는 양반집에 있는 노비들은 양반을 우습게 볼 정도로 떵떵거리며 살기도 했단다.

6 박달나무 고약의 비밀

"댕, 댕, 댕……."

멀리 희미한 종소리가 들려왔어. 조금 전 새벽 닭 소리에 이미 잠이 깨어 있던 김 서방은 종소리를 듣고는 자리에서 일어났어. 김 서방이 사는 마을은 남대문 바로 옆 *자내에 있어서 새벽마다 파루의 종소리가 들려왔거든.

다른 농사꾼과 마찬가지로 김 서방의 하루도 꼭두새벽부터 시작된단다.

> **궁금해요**
> **자내**: 한양 도성을 둘러싼 마을을 자내라고 불렀어. 이곳에 사는 사람들은 도성 안 사람들이 먹을 채소 농사를 주로 지었지. 미나리, 무, 배추, 우엉, 토란 등을 키워서 성 안 시장에 내다 팔았단다.

김 서방은 얼굴을 비비고 눈곱을 대충 떼어낸 뒤에 뒷마당 우물물을 한 바가지 퍼 마셨어. 임금님이나 양반들은 일어나자마자 자릿조반을 먹었지만 늘 먹을 것이 부족했던 상민들은 그럴 수 없었어. 시원한 우물물 한 그릇이 김 서방의 자릿조반인 셈이야.

앞마당으로 와서는 커다란 가마솥에다 짚과 풀, 콩을 넣고는 물을 붓고 끓이기 시작했어. 김 서방의 재산 목록 1호인 소가 먹을 쇠죽이야.

요즘이야 소한테 사료를 먹이지만, 옛날에는 이렇게 쇠죽을 끓여 먹였지. 농민들은 자기 먹을 밥보다 먼저 소가 먹을 쇠죽을 끓여야 했어. 사람이 아침밥을 먹으려면 아직 멀었어.

쇠죽이 다 끓자 김 서방은 초가집과 붙어 있는 외양간 여물통에 부으며 말했어.

"자, 이놈아. 많이 먹고 쑥쑥 커라. 니가 쑥쑥 자라야 내 소원을 이룰 수 있으니······."

김 서방의 평생소원은 자기 땅을 가져보는 것이었어. 가난한 농사꾼의 아들로 태어나 지금까지 뼈 빠지게 열심히 일을 했지만 자기 땅은 한 평도 없었거든. 김 서방의 부모도 평생 남의 땅만 부치다 숨을 거두었지.

열심히 일해서 땅을 사면 되지 않느냐고? 그게 그렇게 만만한 일이 아니야. 우선 땅을 빌린 대가로 수확한 곡식의 절반을 땅 주인에게 바쳐야 했어.

그뿐 아니라 나라에 *군포, 요역, 공납 같은 세금을 내야 했지. 이때 못된 관리들이 정해진 세금보다 더 많이 거둬 가는 일도 잦았어. 그러니 땅 사는 것은 꿈도 못 꿀 수밖에.

궁금해요

군포, 요역, 공납 : 군포는 군대에 가는 대신 옷감을 바치는 세금이야. 요역은 성벽을 수리하는 것 같은 나랏일이 생기면 나가서 일을 해야 하는 것이고 마을마다 특산물을 바쳐야 하는 것은 공납이라고 한단다. 이 밖에도 조선 시대의 세금으로는 자기 땅을 가진 사람들이 내는 '전세'가 있었어. 소작인들은 전세 대신 소작료를 냈지.

다행히 하늘이 도와서 작년에 송아지 한 마리가 생겨 열심히 키우고 있는 거야. 먹고 살기도 힘든데 송아지는 어떻게 샀느냐고? 여기에는 사연이 있어.

가난한 김 서방은 몸이 아파도 의원에 갈 엄두를 못 냈어. 그런데 무슨 까닭인지 어려서부터 종기를 달고 살았지. 우연히 마을을 찾은 스님이 고름을 질질 흘리고 다니는 어린 김 서방을 보더니 집으로 찾아왔어. 원래 이 스님은 고약을 만들어 팔던 의원이었는데 출가를 해서 스님이 된 것이었어.

김 서방의 아버지가 머리를 가로저으며 대답했지.

먹을 거야 못 드려도 헛간이야 내어 드릴 수 있지.

그날 밤 김 서방은 고약을 붙이고, 스님은 헛간에서 하룻밤 주무시게 되었단다. 그런데 다음날 일어나 보니 김 서방의 종기가 씻은 듯이 나아 있는 거야.

김 서방의 아버지는 깜짝 놀라 스님을 불렀어.

"스님, 스님, 우리 아이 종기가 씻은 듯이 나았습니다."

"어허, 잘 되었구려. 이 모든 것이 부처님의 은덕이오. 나무아미타불 관세음보살."

김 서방의 아버지는 고마운 마음에 가족들이 먹을 좁쌀 한 되를 스님께 드렸어. 스님은 하룻밤 신세를 진 것으로 충분하다며 사양했지. 드린다, 못 받는다, 몇 번 실랑이를 하던 스님이 뜻밖의 제안을 했어.

그럼 이 아이를 저한테 3년만 맡겨 주시면 어떻겠소? 3년 동안 제가 데리고 있으면서 고약 만드는 법도 가르쳐 평생 종기 때문에 고생하는 일은 없도록 하겠소이다.

고민하던 부모님은 어린 김 서방을 스님한테 맡기기로 했어. 사실 찢어지게 가난한 집에서는 입을 하나 줄이는 것도 고마운 일이었거든.

이렇게 스님을 따라가 절에서 일을 하던 김 서방은 약속된 3년의 시간이 지나자 집으로 다시 돌아왔어. 스님한테 고약 만드는 법도 배워서 말이야.

그렇다고 김 서방이 의원이 된 것은 아니었어. 자기 몸에 종기가 생겼을 때 고약을 만들어 붙이거나, 가난한 이웃들이 종기에 고생하는 것을 보면 고약을 만들어 주는 정도였어.

스님처럼 김 서방도 고약을 만들어 주면서 절대 돈을 받지 않았어. 자기도 스님한테 공짜로 얻었으니, 다른 사람한테도 공짜로 주어야 한다고 말하면서 말이야.

그런 탓에 김 서방은 여전히 남의 땅을 부치면서 어렵게 살았단다.

그러던 작년, 도승지 댁 아드님이 심한 종기를 앓게 되었지. 한양의 용한 의원들이 온갖 고약을 붙여도 종기는 점점 심해져만 갔어.

도승지 댁 농장을 관리하던 천복이가 안방마님에게 김 서방 이야기를 했어. 마침 얼마 전에 천복이 아이의 심한 종기도 김 서방의 고약을 붙이고 나았거든.

이야기를 전해들은 안방마님은 지푸라기라도 잡는 심정으로 김 서방을 불렀지.

아닐세. 자네 고약을 붙이고 나은 사람이 여럿이라는 이야기를 들었네. 우리 아이를 고치려고 용하다는 의원을 전부 불렀지만 아무런 차도가 없었어. 지푸라기라도 잡는 심정으로 청하는 것이니 부디 거절하지 말아 주시게.

난처한 표정을 짓던 김 서방이 결국 승낙을 했어. 도승지 댁 아드님의 종기를 보고는 집으로 가서 고약을 만들기 시작했지. 김 서방의 집에는 틈틈이 산에 다니며 캐어 놓은 약재들이 있었거든.

혹시나 하는 심정으로 김 서방이 가져온 고약을 아들에게 붙이고, 이튿날 안방마님은 깜짝 놀랐어. 지금까지 계속 나빠지기만 하던 아들의 종기가 눈에 띄게 좋아진 거야. 부어 오른 종기 때문에 불덩이처럼 나던 온몸의 열도 내렸지.

그렇게 3일째 되던 날, 도승지 댁 아드님의 종기는 씻은 듯이 나았어. 안방마님은 김 서방을 불러 큰돈을 주면서 말했어.

그러자 안방마님이 넌지시 말했어.

"어허, 이 사람 참……. 그럼 이건 어떤가? 약값 대신 소 한 마리를 선물로 주는 것은?"

김 서방은 침을 꼴깍 삼켰어. 소 한 마리를 팔면 평생소원이던 땅을 살 수도 있었으니까. 그래도 다시 한 번 사양을 했지.

평소에 송아지를 사서 잘 키워서 팔면 땅을 가질 수 있다는 생각에 김 서방 입에서 송아지 이야기가 나왔어.

63

이렇게 얻게 된 송아지는 당연히 김 서방의 재산 목록 1호가 되었어. 새벽마다 쇠죽을 쑤어 사람보다 먼저 먹일 정도로 말이야.

쇠죽으로 소 여물통을 가득 채운 후에 김 서방은 배추 밭으로 나갔어. 김장 전에 수확하기 위해서는 오늘까지 배추를 심어 놓아야 했거든.

땀을 흘리며 배추를 심다 보니 어느새 아침 먹을 때가 되었어.

집으로 들어가니 아내가 꽁보리밥에 고추장, 김치를 내왔어. 고추장에 밥을 쓱쓱 비벼 먹으니 정말 꿀맛이야. 하긴, 아침부터 물 한 그릇 먹고 힘을 썼으니 무엇을 먹어도 꿀맛이었을 거야.

다시 밭에 나가서 한참을 일하고 있는데 아내가 광주리를 이고 밭으로 왔어.

"아니, 뭐 하러 왔어? 내가 들어가면 되지."

"그러면 당신, 또 낮것도 안 먹고 계속 일만 할 것 아니오? 이렇게 내가 나와야 밥이라도 한술 뜨실 거면서……."

사실 그랬어. 어려서부터 굶기를 밥 먹듯이 한 김 서방은 낮것을 종종 걸렀거든. 낮이 짧은 겨울은 말할 것도 없고, 농사일이 힘든 여름에도 말이야.

아내와 함께 간단히 총각무 하나에 밥 한술을 뜨고서 다시 일을 시작했어.

한참을 하다 보니 저쪽에 천복이와 칠복이가 보여. 그런데 이 사람들, 일은 안 하고 무슨 이야기꽃을 재미나게 피웠군.

가만, 무슨 종기가 어쩌고 하는 것 같아. 가서 들어 보니 임금님의 꿈 이야기야.

그런데 이거, 큰일이 벌어지고 있잖아?

"어허, 이것 참 큰일이로세!"

틀림없어. 돌아가신 스님이 신신당부하시던 말씀이 다시 떠올랐어. 종기에 박달나무 열매는 상극이라, 절대로 이것으로 고약을 만들면 안 된다고 하신 말씀이 말이야.

이 일을 어쩌면 좋지? 하지만 임금님의 종기에 나 같은 미천한 상것이 나서서 무슨 봉변을 치르려고? 그래도 이건 임금님의 목숨이 달린 일이니 백성 된 자로서 나서는 것이 도리가 아닐까?

마음속으로 잠시 갈등을 하고 있는데 늘 부처님의 자비를 간직하라고 하신 스님의 말씀이 다시 떠올랐어.

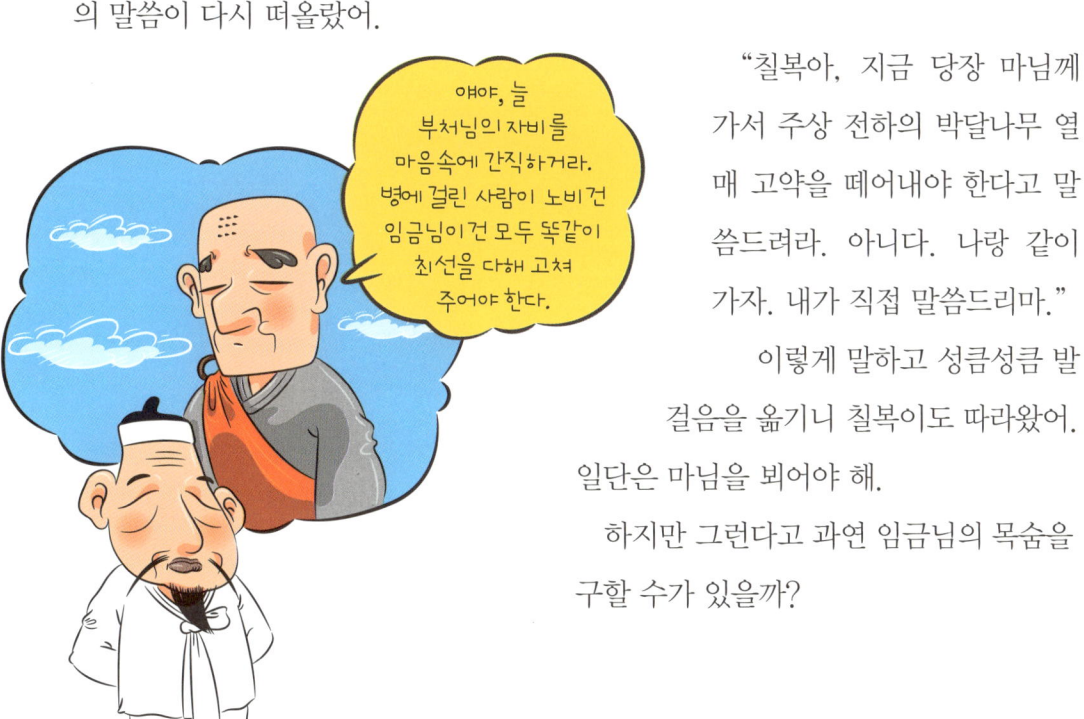

"칠복아, 지금 당장 마님께 가서 주상 전하의 박달나무 열매 고약을 떼어내야 한다고 말씀드려라. 아니다. 나랑 같이 가자. 내가 직접 말씀드리마."

이렇게 말하고 성큼성큼 발걸음을 옮기니 칠복이도 따라왔어. 일단은 마님을 뵈어야 해.

하지만 그런다고 과연 임금님의 목숨을 구할 수가 있을까?

조선 사람 더 알아보기

농민의 하루살이와 한해살이

조선을 먹여 살린 상민

상민들의 대부분은 농사짓는 농민이었어. 평소에는 농사를 지어 세금을 바치고, 전쟁이 나면 군인이 되어 나라를 지키고, 나랏일이 생기면 돈 한 푼 받지 않고 일을 해 준 것도 모두 상민들이었지. 한마디로 조선을 먹여 살리고 지킨 것이 모두 상민이었다는 말씀.

게다가 땅 주인이었던 양반들의 부유한 생활도 그 땅을 빌려 농사를 짓는 상민들이 많은 소작료를 바쳤기 때문에 가능했던 거야. 그러니 상민들은 언제나 일하느라 눈코 뜰 새 없이 바빴지.

하루 종일 일, 일, 일

상민들의 하루는 해가 뜨기 전부터 해가 질 때까지 노동의 연속이었어. 해 뜨기 전이라도 사물을 분간할 수만 있으면 일을 시작했고, 이렇게 일을 한참 하고 나서야 아침밥을 먹을 수 있었어. 다시 한참을 땀 흘려 일한 뒤에야 간단한 점심상을 받았고, 해가 떨어진 뒤에야 집으로 돌아와서 저녁을 먹을 수 있었어.

중간의 휴식은 늘 짧았지. 그래도 일하면서 신나게 노래를 부르거나 낮에 한술 밥을 뜨고는 잠시 낮잠을 즐기기도 했단다.

농사 중심의 생활

상민들의 한해살이 또한 농사를 중심으로 이루어졌어. 봄에는 씨를 뿌리고, 여름에는 밭을 갈고, 가을이면 추수를 했지. 겨울에도 다음 해 농사 준비 등 할 일이 있었지만 다른 계절처럼 바쁘지는 않았어. 그래서 겨울을 '농한기'라고도 불렀어. '농사일이 한가한 시기'라는 뜻이야. 대신 겨울에는 대부분 점심을 먹지 못했어. 농민들이 하루 세 끼를 찾아 먹을 수 있는 건 농사일이 바쁜 시기뿐이었어. 이때는 점심을 먹지 못하면 일을 할 수 없었거든.

즐거운 명절

그렇다고 조선의 농민들이 일 년 내내 일만 했던 것은 아니야. 설이나 추석, 단오 같은 명절이면 일가친척들이 모여서 음식과 놀이를 즐겼고, 정월 대보름이나 씨를 뿌린 때는 마을 사람들이 모두 모여 한 해의 풍년을 기원하는 의식을 치르기도 했어.

일하는 짬짬이 쉬면서 오목과 비슷한 •고누를 두거나 기다란 곰방대에 담배를 피우기도 했지.

• 김홍도가 그린 〈고누놀이〉

7 임금님을 구해라!

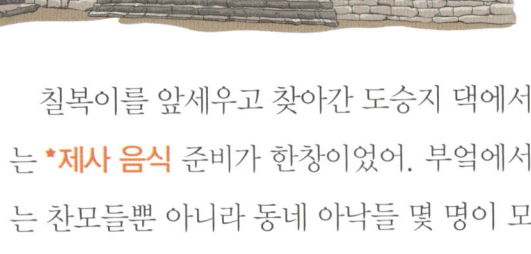

칠복이를 앞세우고 찾아간 도승지 댁에서는 *제사 음식 준비가 한창이었어. 부엌에서는 찬모들뿐 아니라 동네 아낙들 몇 명이 모여서 고기 산적을 만들고, 전을 부치고, 조기를 굽고, 나물을 무쳤지.

이렇게 옛날에는 양반 댁에 큰일이 있을 때 동네 사람들이 와서 일을 해 주었단다. 그러고는 돈 대신 음식을 조금 얻어갔지.

안방마님은 이들이 음식을 제대로 준비하는지, 혹 빠진 것은 없는지 꼼꼼히 살펴보고 필요한 것이 있으면 시키는 일을 했단다.

집안 전체에 침이 고이는 음식 냄새가 차고 넘쳤어. 김 서방은 자기가 왜 왔는지는 잊은 채 연신 입맛을 다셨어.

> **궁금해요**
> 제사 음식 : 조선 시대의 제사 음식은 집안마다 조금씩 달랐어. 그래서 '남의 제사에 감 놓아라 배 놓아라 한다'는 속담까지 생겼지. 남의 일에 쓸데없이 참견한다는 뜻이야. 그래도 어느 집안이나 비슷하게 들어가는 제사 음식들이 있었어. 밥과 국, 전과 고기 산적, 생선을 말린 포와 김치, 나물, 과일과 술 등이 그것들이야.

역시 벼슬이 높은 양반 댁 제사 음식은 다르군. 상민들은 겨우 북어포 하나쯤 놓고 제사를 지내는데 말이야. 이마저도 없어서 밥에 국만 올려놓고 제사를 지내는 집도 수두룩해.

가만, 지금 남의 제사 음식에 감탄하고 있을 때가 아니지. 임금님의 목숨이 위험한 판인데. 김 서방은 안방마님이 있는 부엌 앞으로 가서 말했어.

안방마님이 부엌에서 나와 반가운 목소리로 말했어. 김 서방의 고약 덕분에 아들 종기를 고친 것을 늘 고맙게 생각하고 있었거든.

그런데 늘 사람 좋게 웃던 김 서방의 표정이 오늘은 왠지 좀 달라. 사뭇 다급하고 어두운 표정이야. 이 사람이 웬일이지?

"실은 아주 다급하고 중요한 일이 있어서 마님을 찾아오게 되었습니다."

그러고는 자신이 찾아온 이유를 설명했어. 칠복이를 통해서 임금님의 꿈 이야기를 들은 일, 박달나무 열매 고약은 종기에 독이라는 것, 임금님의 목숨을 구하기 위해서는 한시라도 빨리 고약을 떼어내야 한다는 것 등을 말이야.

이야기를 듣던 마님의 표정도 점점 심각해졌어. 마님은 이미 도승지한테 들어서 임금님이 종기로 고생하고 있다는 것과 신기한 꿈을 꾸었다는 사실을 알고 있었거든.

꿈에 나온 대로 고약을 만들었다는 이야기를 듣고 다행이라고 생각하고 있었는데, 이게 웬 마른하늘에 날벼락 같은 소리야. 다른 사람도 아닌 김 서방의 이야기라 믿음이 가긴 하는데…….

그렇다면 이 일을 어쩐다?

안방마님은 잠시 생각에 잠겼어.

김 서방의 말이 사실이라면 이건 정말 심각한 일인데……

그렇다고 김 서방의 말만 가지고 임금님의 병에 대해서 이러쿵저러쿵 간섭을 했다가 일이 잘못되기라도 한다면? 그렇다면 아무리 도승지라고 해도 무사하지 못할 거야.

그래도 임금님을 걱정해서 이렇게까지 이야기하는 김 서방을 보니, 자신도 백성 된 도리로 뭔가를 해야 할 것만 같아.

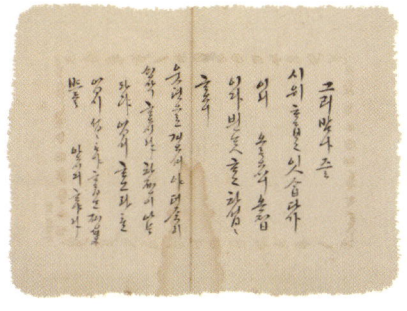 

▎조선 18대 왕인 현종의 비 명성왕후와 효종의 셋째 딸인 숙명공주가 주고받은 한글 편지 모음.

궁금해요

언문: 언문이란 조선 시대에 한글을 낮추어 불렀던 이름이야. 원래 세종대왕께서 한글을 처음 만드시고 붙인 이름은 '훈민정음'이었어. '백성을 가르치는 바른 소리'라는 뜻이지. 그런데 한자만 바른 글자라고 생각한 양반들은 한글을 언문(상스러운 글자)이라고 불렀어. 그래도 한글은 양반 여성들을 중심으로 빠르게 퍼져 나갔어. 왕비와 공주 등 왕실의 여인들도 한글 편지를 즐겨 썼단다.

이렇게 대답을 하고 도승지 댁 솟을대문을 나섰지만, 김 서방은 영 발길이 떨어지지 않았어. 만약 스님의 말이 사실이라면 특효약은 한 가지밖에 없는데, 그걸 알고 있는 사람 또한 자신밖에 없었으니까.

발걸음도 가벼운 칠복이와는 달리, 안방마님은 심각한 얼굴로 눈앞의 종이를 바라보고 있었어.

　　김 서방에게 말한 대로 편지를 쓰려고 안방에 앉았는데, 막상 쓰려고 하니 무슨 말을 써야 할지 아득하기만 해.

　　더구나 아직도 편지를 써서 알리는 것이 잘하는 일인지도 확신이 안 서. 만에 하나 김 서방의 말이 틀리기라도 하면, 우리 집안에는 정말 끔찍한 일이 벌어질 거야.

　　그냥 모른 척 있는 것이 더 낫지 않을까? 그렇다면 혹 임금님이 잘못되시더라도 벌을 받는 일은 없을 테니까 말이야.

　　그때 얼마 전 남편과 나눈 대화가 생각났어.
그날도 남편이 궁궐에서 늦게 돌아와서
걱정을 하며 한마디
건넸었지.

영감, 매일 이리 늦게 오시니 건강이 상하실까 염려됩니다. 나랏일도 중요하지만 그것도 몸이 건강해야 잘할 수 있는 것 아니겠습니까? 앞으로는 조금 일찍 집으로 오셔서 푹 주무셨으면 합니다.

여보, 나도 요즘 피곤하긴 하오. 하지만 주상 전하께서 잠도 안 주무시며 나랏일에 힘을 쓰시는데 도저히 늦게까지 일을 안 할 수가 없구려. 나야 벼슬에서 물러나면 편히 쉴 수도 있지만 전하는 임금의 자리에 오른 후 지금까지 거의 하루도 쉬지 않으셨소. 그러니 임금의 손발이 되어야 할 도승지가 어찌 일찍 집에 올 수가 있겠소?

이렇게 나랏일에 힘쓰시는 주상 전하가 만약 잘못되시기라도 한다면?

생각이 여기까지 이르자 서둘러 편지를 쓰기 시작했어. 그러고는 집안에서 가장 발이 빠른 돌금이에게 주어서 궁궐의 도승지에게 보내도록 했지.

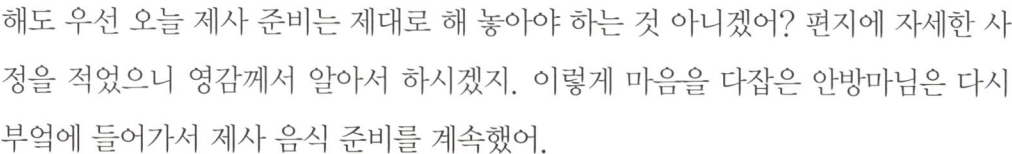

일단 편지를 보내긴 했지만 안방마님의 마음은 여전히 불안했어. 과연 이것이 잘한 일일까? 괜히 안 알리느니만 못한 일이 벌어지는 것은 아닐까?

아니, 내가 지금 이럴 때가 아니지. 내일 세상이 망해도 우선 오늘 제사 준비는 제대로 해 놓아야 하는 것 아니겠어? 편지에 자세한 사정을 적었으니 영감께서 알아서 하시겠지. 이렇게 마음을 다잡은 안방마님은 다시 부엌에 들어가서 제사 음식 준비를 계속했어.

궁궐의 도승지가 집에서 소식이 왔다는 이야기를 들은 것은 임금님의 전교를 작환한 직후였어. 경기도 병마절도사를 유배에서 풀어 주라는 전교 말이야. 전하의 종기가 심한 듯하여 작환을 뒤로 미루려고 했지만 경연 이후에 수라를 다 잡숫는 등 원기가 회복되는 모습이라 용기를 내어 말씀드렸지.

"왕실의 친척이라고 해서 귀양을 간 지 1년도 안 되어 풀어 주는 것은 부당하옵니다."라고 작환의 이유를 설명하니 전하께서는 "알았다."고만 하시며 더 이상 말씀이 없으셨어. 평소 같으면 다시 한 번 자신의 뜻을 밀어붙였을 텐데, 아무래도 몸이 평소 같지 않으니 순순히 뜻을 접으신 것만 같아서 송구스러웠어.

그래도 전하께서 신하들의 뜻을 받아들이셨으니 좋은 일이야. 만약 국왕이 자기 마음대로만 하면 나라가 제대로 다스려질 수가 없으니까.

조선은 현명한 국왕이 충성스런 신하들의 의견을 적극적으로 받아들여서 튼튼한 나라가 된 것이거든.

임금님의 대답을 듣고 안도의 한숨을 내쉬면서 승정원으로 돌아오니 집에서 편지가 왔다는 거야.

편지라니, 무슨 일일까? 평소에 나랏일에 방해된다고 집안에 어지간히 급한 일이 있어도 여간해서는 알려오지 않았는데. 혹시 시골의 부모님께 무슨 일이라도?

도승지는 조금 불안한 마음으로 편지를 펼쳤어. 거기에는 익숙한 아내의 글씨가 적혀 있었지. 다행히 부모님에 대한 내용은 아니었지만, 읽다 보니 심상치 않아.

김 서방이 아들의 종기를 고친 것은 도승지도 잘 아는 일이었어. 심지어 이 소식을 아신 전하께서 어의를 보내 주셨지만 결국 고치지 못한 것을 김 서방의 고약을 붙이고 나았으니까. 그러니 김 서방이라면 종기에 관해서만은 어의보다 더 낫다고도 할 수 있어.

하지만 이건 임금님의 병에 대한 일이야. 만약 조금이라도 잘못되면 목숨이 열 개라도 모자랄 판이라고. "내 아들을 잘 고쳤으니 이 사람 말을 들읍시다."라고 할 수 있는 문제가 전혀 아니지.

더구나 김 서방은 의과에 합격한 어의도 아니잖아. 자존심 강한 어의들이 김 서방의 말을 따를 리도 없어. 자신들이 못 고친 종기를 김 서방이 고쳤다는 소식을 듣고도 불편해하는 눈치였는데…….

그럼 이 일을 어쩐다? 그냥 모르는 척하는 것이 좋을까?

잠깐, 지금 박달나무 열매 고약을 붙이고 전하의 종기가 한결 나아진 상태잖아? 김 서방은 그러다 큰일이 날지도 모른다고 했지만, 이대로 계속 좋아져서 병이 나을 수도 있는 거잖아.

그래, 일단 이 일은 궁궐에서 나만 알고 있는 것이 좋겠어. 혹시 전하께 무슨 일이 생긴다면 그때 가서 말을 해도 괜찮을 거야.

좀 찜찜하기는 하지만 이렇게 마음을 먹고 하던 일을 계속 하려는데, 갑자기 *사정전*에서 내관이 찾아와서는 다급히 말했어.

❙ 경복궁의 편전인 사정전

❙ 경복궁의 정전인 근정전

❙ 창덕궁의 정전인 인정전

이런 끔찍한 일이 벌어지다니! 그렇다면 김 서방의 말이 사실이란 말인가?

도승지는 이런 생각을 하면서 강녕전으로 향했어.

> **궁금해요**
>
> **사정전** : 조선 시대 왕이 잠을 자고 생활하는 곳이 침전이라면 업무를 보는 곳은 편전이라고 했어. 경복궁의 침전은 강녕전, 편전은 사정전이었어. 이 밖에 조회 등 국가의 공식적인 행사가 벌어지는 곳을 정전이라고 했는데, 경복궁의 정전은 근정전, 창덕궁의 정전은 인정전이었단다.

조선 사람 더 알아보기

죽어서 왕릉까지, 국왕의 장례식

임금님이 죽으면?

만약 이대로 임금님이 세상을 뜬다면 어떤 일이 벌어지게 될까? 우선 왕의 숨이 멎으면 콧구멍 아래 고운 햇솜을 얹어서 움직이나 살펴봐. 이때 솜이 전혀 움직이지 않으면 비로소 죽은 것으로 생각하고 주위 사람들이 울기 시작했지.

초혼 의식

그리고 이어지는 것은 떠나간 왕의 혼을 돌아오라 부르는 '초혼 의식'이야.

이때 내관은 왕이 평소 입던 옷을 들고 지붕에 올라가 흔들면서 '상위복'이라 크게 세 번을 외쳐. 이건 '혼이여 다시 오소서'라는 뜻이야. 아주 드문 일이기는 했지만 숨이 멎었던 사람이 다시 숨을 쉬기도 했거든.

이런 의식은 왕실뿐 아니라 백성들 사이에서도 이루어지던 풍습이었어. 이렇게 임금의 혼이 돌아오기를 기다리다 5일이 지나면 시신을 관으로 모셨어.

수의를 입히다

시신을 관으로 옮기기 전에는 수의라고 불리는 옷을 입혔어. 왕이 세상을 뜬 날에는 시신을 깨끗이 씻어 9벌의 수의를 입히고, 3일째는 19벌, 마지막으로 관에 들어가기 전에는 모두 90벌의 수의를 입혔지(하, 임금님 좀 답답하시겠다).

왕의 관은 5개월 정도 궁궐에 머물렀어. 규모가 큰 왕릉을 만들려면 이 정도 시간이 필요했거든.

마침내 왕릉으로!

왕릉이 마련되면 관을 모시고 궁궐을 출발해서 왕릉으로 옮겼지. 그런데 이 행렬의 규모가 대단했어. 이건 백성들에게 왕실의 위엄을 드높이는 행사이기도 했으니까.

예를 들어 정조 임금의 ■장례 행렬에는 모두 1440여 명의 인원이 저마다 제복을 입고 깃발이나 다른 장례 상징물들을 들고 따랐대. 이 밖에 호위 군인과 관을 매는 상여꾼만 해도 800여 명이 동원되었고, 짐꾼들과 구경꾼까지 합치면 1만여 명이 넘는 사람들이 행렬에 참여했다는구나.

장례 행렬이 ■왕릉에 도착하면 곰의 가죽을 뒤집어쓴 사람들이 왕릉을 깨끗하게 하는 의식을 치렀어. 그러고는 왕의 관을 무덤에 넣고 주변에 함께 묻을 물건들을 배치하고 나면 그 위로 정승이 흙을 아홉 삽 뿌리는 것으로 공식적인 장례 절차가 모두 끝났지. 나머지 작업은 인부들이 마무리했는데, 장례에 쓰인 물건들은 그 자리에서 모두 태웠단다.

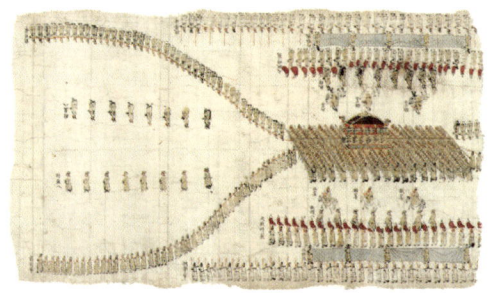

■ 조선 21대 임금인 영조의 계비인 정순왕후의 장례 행렬

■ 조선의 4대 임금 세종대왕과 왕비인 소헌왕후를 함께 묻은 영릉

8 궁궐로 간 김 서방

강녕전에는 이미 어의들이 와서 임금님의 상태를 살피고 있었어. 그 곁에는 *중전마마가 걱정스런 눈으로 지켜보고 있었지.

소식을 들은 왕세자와 영의정 등 몇몇 사람들도 하나둘 도착하기 시작했어.

의원들이 진찰을 마치자 왕비가 물었지.

"이게 도대체 어찌된 일이오?"

"주상 전하의 꿈에 나온 대로 박달나무 열매로 만든 고약을 붙이시고 병세가 차츰 좋아지던 중에 갑자기 이런 일이 생기니, 아뢰옵기 황공하오나 저희로서도 당장은 그 원인을 알 수가 없사옵니다."

왕비의 눈치를 살피던 최 의원이 조심스럽게 대답했어. 임금님의 꿈과 박달나무 열매 고약을 강조하면서 말이야. 마치 자신들은 잘못이 없다는 식으로 들려서 옆에 있던 김 의원의 귀에도 거북했어. 아니나 다를까, 중전마마의 불호령이 떨어졌지.

"어허, 전하께서 병이 중하시면 어떻게 해서든 고칠 방법을 구해야지, 원인을 알 수가 없다니? 그러고도 너희가 어의란 말인가?"

어의들은 입이 열 개라도 할 말이 없었어. 이 모습을 보던 도승지가 드디어 입을 열었어.

> **궁금해요**
>
> **중전마마** : 중전마마는 조선 시대 왕비를 부르던 다른 이름이야. 왕비가 머물던 건물이 궁궐의 중심에 있었기 때문에 붙은 이름이지. '마마'는 왕족의 이름 뒤에 붙이는 최고의 존칭어고, 이건 남녀 가리지 않고 모두에게 붙였어. 상감마마, 중전마마, 동궁마마 하는 식으로 말이야. 아, 동궁은 왕세자를 가리켜. 왕세자의 집이 궁궐 동쪽에 있다고 붙은 이름이란다.

중전마마는 다시 한 번 어의들을 째려보았고, 어의들은 몸 둘 바를 몰라 했어.

어의들의 얼굴은 더욱 빨개졌지.

"아뢰옵기 황공하오나 아까 저희 집에서 갑작스런 기별이 왔습니다."

그러면서 도승지는 아내의 편지에 쓰인 김 서방의 이야기를 전했어. 혹시라도 중전마마의 심기를 상하게 할까 봐 최대한 조심하면서 말이야. 놀랍다는 표정으로 이야기를 듣던 왕비는
단호하게 말했어.

순간 사람들 사이에서 작은 웅성거림이 있었어. 어의들은 뭔가 말을 하고 싶은 눈치였으나 감히 입을 열지 못했지.

그러자 내의원 도제조를 겸하고 있는 영의정이 머리를 조아리며 말했어.

마마, 김 서방이란 자는 의학을 정식으로 배운 것이 아니니 그런 자의 말을 그대로 믿을 수는 없는 일이옵니다. 더구나 이건 주상 전하의 병환을 다루는 매우 중요한 일이니 더욱 그러하옵니다. 어의들을 믿으시고 기회를 한 번만 더 주시옵소서.

영의정의 말을 듣자 중전마마의 목소리가 높아졌어.

아니, 지금 어의들이 원인을 모르겠다고 하지 않습니까? 주상 전하의 목숨이 경각에 달려 있는 이때 지푸라기라도 잡아야지요. 또한 선대 대왕님들 중에도 시골 의원들을 궁궐로 불러 병을 치료받은 일이 있다고 들었습니다. 그중에는 뛰어난 의술을 인정받아 글자도 모르는 채 어의가 된 사람도 있다면서요? 도승지, 제 말이 틀렸습니까?

도승지는 난처한 표정으로 대답했어.

중전마마의 말씀이 지당하시오나 김 서방은 의원도 아니라 일개 농부일 뿐인지라……, 영의정 대감의 말씀도 충분히 일리가 있다고 생각되옵니다.

왕비가 잠시 생각에 잠기더니 이야기했어.

"그러면 이렇게 합시다. 도제조인 영의정은 지금부터 어의들과 함께 주상 전하의 병을 고칠 방법을 연구하세요. 도승지는 김 서방을 궁궐로 부르시고요. 어의들과 김 서방의 처방을 모두 들어본 후에 치료 방법을 결정하도록 합시다. 시간이 없습니다. 어서 빨리 시작들 하세요."

영의정의 얼굴은 흙처럼 검붉게 변했어. 어의들은 창백해졌고. 이거, 잘못했다가는 일자무식 농부보다 못하다는 말을 듣게 생겼으니 그럴 수밖에.

그렇다고 중전마마의 뜻을 돌릴 수도 없었어. 그랬다가 혹시라도 주상 전하께 무슨 일이 생기면 자기도 큰 벌을 받을 것이 분명하니까.

도승지도 영 난처한 것이 마음이 편치 않았지.

"분부대로 거행하겠사옵니다, 마마."

신하들은 입을 모아 말했지만 영 힘이 없는 목소리였어.

강녕전을 나선 도승지가 집으로 소식을 전했어. 편지를 쓸 시간도 없었기에 말로 간단하게 전달했지.

지금 즉시 남대문 밖 자네의 김 서방을 궁궐로 보내도록 하시오!

심부름꾼의 이야기를 들은 안방마님은 상황이 매우 급하고 심각하다는 것을 눈치 챘어. 이번에도 발이 빠른 돌금이를 불렀지.

　그런데 돌금이는 김 서방 집까지 갈 필요가 없었어. 찜찜한 마음에 발걸음이 떨어지지 않았던 김 서방이 도승지 댁으로 돌아와 행랑채에 머물고 있었거든. 대문을 나서다 김 서방을 발견한 돌금이는 그 길로 마님께 데리고 갔지.

　"김 서방, 자네 말이 맞은 모양이네. 지금 빨리 궁궐로 도승지 영감을 찾아가게."

　"예, 마님."

　"돌금이 너도 함께 가거라. 네가 오늘 궁궐에 심부름을 갔으니 궁궐 문을 지키는 병사들이 네 얼굴을 알 게 아니냐? 네가 도승지 영감이 김 서방을 급히 불렀다고 이야기를 하면 지체 없이 궁궐 문을 통과할 수 있을 게야."

　"예, 마님!"

　돌금이는 무엇이 신나는지 큰 소리로 대답을 하고는 앞장서서 집을 나섰어.

　둘은 나는 듯이 달려서 궁궐에 도착했고, 돌금이의 부러운 눈길을 뒤로 하고 김 서방은 병사를 따라 승정원으로 갔지.

● 경복궁 광화문에서 강녕전으로 가는 길

▎근정문

▎흥례문

▎광화문

김 서방을 본 도승지는 오랜 친구를 만난 듯 반갑게 두 손을 잡으며 말했어.
"오, 김 서방, 어서 오게. 정말 빨리도 왔구먼. 일이 아주 다급하게 되었네그려."
그러더니 목소리를 낮추고는 빠르게 덧붙였어.
"아까 *신시쯤에 주상 전하께서 쓰러지셨네. 자네 말대로 의식을 잃으시고 온몸이 불덩이야. 내가 중전마마께 자네 이야기를 드렸더니 당장 데려오라고 분부하셨네. 주상 전하께서도 함께 계시니 아마 전하의 종기를 살펴보게 될 수도 있을 거야."

▎강녕전
▎사정전
▎근정전

궁금해요
신시 : 조선 시대에는 하루를 12로 나누어 시간을 말했는데, 신시는 오후 3~5시에 해당하는 시간이야. 참고로 파루를 쳤던 새벽 3~5시는 인시에 해당했지.

세상에.
김 서방은 가슴이 벌렁거리기 시작했어. 혹시나 해서 도승지 댁에 남아 있긴 했지만, 일이 이렇게까지 커질 줄은 몰랐거든. 상황이 안 좋아지면 기껏해야 어의들에게 자신의 처방에 대해 설명을 해 줄 것으로만 생각했지. 그런데 중전마마를 뵙고, 주상 전하의 종기를 살피게 된다니! 도승지를 따라가는 동안 김 서방의 머릿속은 벌써부터 하얘졌어.

"네가 김 서방이냐?"

부드럽지만 위엄 있는 중전마마의 음성이 들렸어. 김 서방은 감히 조아린 머리를 들지도 못하고 기어들어가는 목소리로 대답했지.

"네, 마마."

"도승지를 통해 너의 이야기를 들었다. 종기로 죽어가던 도승지의 아들을 고약으로 살려냈다고?"

"소인의 재주는 보잘것없는 것이고, 모두 부처님의 은덕으로 그리 된 것이옵니다."

"보다시피 지금 주상 전하가 종기로 매우 위독하시다. 네가 고쳐볼 수 있겠느냐?"

"감히 저 같은 것이 어찌 상감마마의 종기를 고칠 수 있겠나이까? 저로서는 도저히 감당할 수 없는 일이옵니다."

"아니다. 내 너를 부른 것은 지푸라기라도 잡는 심정으로 한 것이니 사양하지 말거라. 네가 주상 전하를 고친다면 큰 상을 내리도록 하마."

"……."

김 서방은 감히 대답하지 못하고 땀만 삐질삐질 흘렸어. 이에 도승지가 나섰어.

"이보게, 중전마마께서 말씀하시는데 어서 대답하지 않고 무얼 하는 겐가?"

거의 울상이 되어버린 김 서방이 마지못해 입을 열었지.

"네, 마마. 소인 목숨을 걸고 주상 전하의 종기를 고쳐보도록 하겠나이다."

김 서방은 벌벌 떨리는 다리로 겨우 기어서 주상 전하 곁으로 갔어.

곁에 있던 내관이 이불을 거둬 종기를 보여 주었지. 어깨 뒤쪽으로 작은 종지만한 종기가 벌겋게 부어 있었어. 지금까지 김 서방이 보았던 어떤 종기보다도 지독한 것이었어. 다시 한 번 눈앞이 깜깜해지려는데, 옛날 스님께서 해 주신 말씀이 떠올랐어.

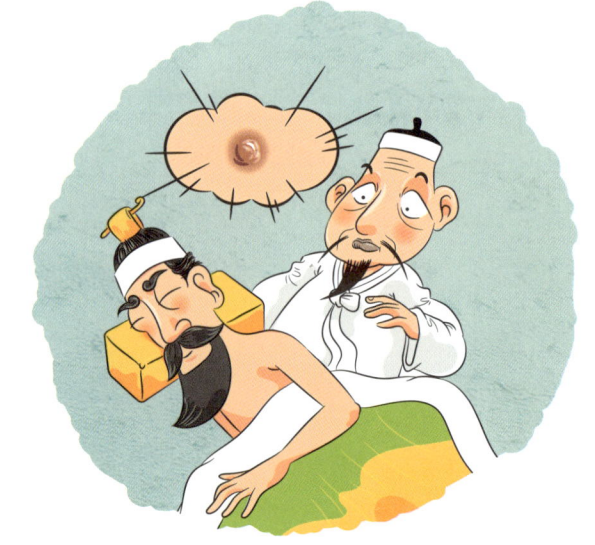

'그래, 그 약이라면 효과가 있을지도 몰라.'

"어떠냐? 네가 고칠 수 있을 것 같으냐?"

식은땀을 흘리는 김 서방을 안타깝게 바라보던 중전마마가 초조한 목소리로 물었어. 김 서방은 물러나와 머리를 조아리며 대답했지.

"네, 마마. 한 가지 처방이 떠오르긴 합니다만, 이것이 귀하고 구하기 힘든 약재라……."

"무슨 약재든 말만 하여라. 내 땅끝까지 가서라도 구해다 줄 터이니."

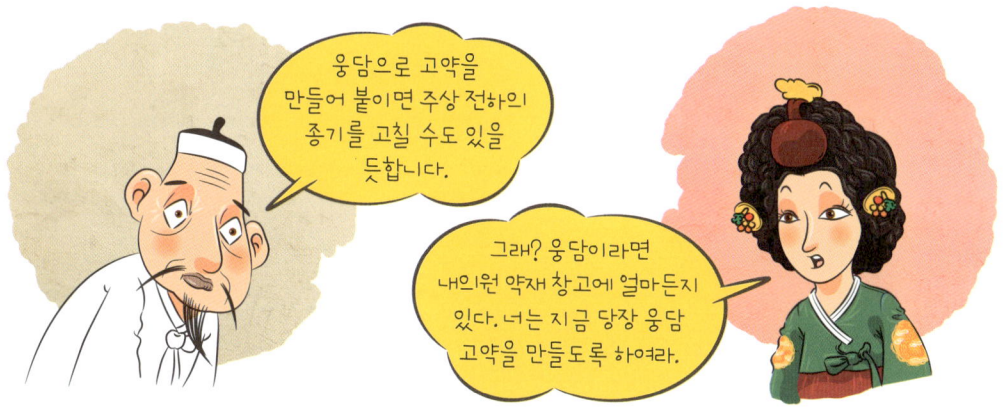

웅담으로 고약을 만들어 붙이면 주상 전하의 종기를 고칠 수도 있을 듯합니다.

그래? 웅담이라면 내의원 약재 창고에 얼마든지 있다. 너는 지금 당장 웅담 고약을 만들도록 하여라.

곁에서 이 광경을 지켜보던 영의정이 아뢰었어.

"마마, 저 미천한 자의 손에 주상 전하의 옥체를 맡기시는 것은 안 될 말이옵니다."

"병을 고치는 것이 의원이지, 신분이 무슨 소용이요? 그래, 내의원에서는 무슨 처방을 내렸습니까?"

왕비의 목소리에선 찬바람이 쌩 불었어.

"네, 저희 어의들이 전하의 종기를 다시 한 번 최선을 다해 진찰한 결과……."

영의정의 목소리도 떨리기 시작했어. 곁에 있던 어의들의 이마에는 송골송골 땀방울이 맺혔지.

"그래서요?"

왕비가 다시 한 번 차가운 목소리로 물었어.

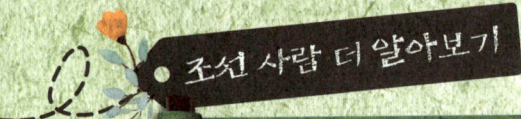

다시는 왕비로 태어나지 않게 하소서

감옥 같은 궁궐 생활

조선의 왕비는 국왕만큼이나, 아니 어떤 점에선 국왕보다 훨씬 더 힘들고 고단한 삶을 살았어.

그나마 국왕은 선왕의 묘를 찾아가는 능행이나 병 치료차 가는 온행을 통해 바깥바람을 쐬었지만, 그마저 여의치 않은 왕비에게 궁궐은 감옥에 다름 아니었으니까. 더욱이 잘못해서 정치적 사건에라도 휩쓸리면 자기 목숨을 잃는 것은 물론이고 가문까지 풍비박산 나기 일쑤였지. 오죽했으면 광해군의 왕비인 류 씨는 평소 궁중에 불상을 모셔 놓고 '다음 생애는 왕가의 여자로 태어나지 않게 해 달라'고 빌었을까?

간택

보통 왕비는 '간택'을 통해 왕비, 혹은 세자빈으로 궁궐 생활을 시작했어.

왕이나 왕세자의 혼인이 결정되면 우선 전국에 결혼을 금지하는 '금혼령'이 선포돼. 왕실의 결혼이 우선이었으니까 말이야.

그리고 왕비와 세자빈의 후보자들을 물색하는데, 일단 서류 심사를 통해 1차 걸러진 후보자를 대상으로 '초간택'이 이루어졌어. 평상복 차림의 처자들이 입궁하면 왕을 비롯한 왕족들이 먼발치에서 보고, 경험 많은 상궁들이 심사를 맡았대.

여기서 5~7명의 후보자를 걸러 다시 선을 보는 것이 '재간택'이야. 그리고 다시 3명의 최종 후보를 놓고 마지막 관문인 '삼간택'을 치렀어.

이렇게 3번의 관문을 통과한 후보자는 집으로 가지 않고 별궁에 머물면서 궁중 법도를 익히게 되지.

어린 왕 대신 나라를 다스리기도 했다

이렇게 엄격한 절차를 거쳐 왕비의 자리에 오른다 해도 편한 것은 아니었어.

왕비의 궁궐 생활은 스트레스의 연속이었단다. 왕비는 그저 왕의 사랑이나 받는 자리가 아니었거든. 양반집 부인이 집안 살림을 하느라 바쁜 것처럼 왕비도 궁궐 안의 일을 처리하느라 무척 바빴지. 궁궐은 일반 가정집과 비교할 수 없이 규모가 컸으니 더욱 힘들었을 거야.

왕이 먼저 죽으면 왕비는 대비로 불리며 왕실의 큰 어른이 되었는데, 새로운 왕이 어린 경우에는 대비가 왕을 대신해서 나라를 다스리는 경우도 있었어.

하지만 이렇게 권력을 잡아도 그리 행복한 삶은 아니었던 것 같아. 조선말에 권력을 쥐락펴락했던 명성황후조차도 평소 '내 죽으면 사대문 안을 돌아보지 않으리라'고 했다니 말이야.

9 박달나무냐, 웅담이냐?

"네, 저희 어의들이 진찰한 결과……."
영의정이 앞서 했던 말을 다시 한 번 반복했어. 그만큼 긴장했다는 증거야.
영의정이 기어들어가는 목소리로 말했어.

이번에는 박달나무 열매가 아니라 뿌리로 고약을 만들어보는 것이 어떨까 하는……

아니, 지금 주상 전하의 목숨을 가지고 시험을 해 보자는 게요? 이미 박달나무는 약이 아니라 독이란 것이 밝혀졌지 않소?

영의정은 최 의원을 원망하듯 쳐다보았어. 아마도 이건 최 의원이 낸 아이디어 같아. 꿀 먹은 벙어리가 된 영의정을 대신해서 최 의원이 입을 열었어.

마마, 주상 전하의 꿈은 보통 꿈이 아니옵니다. 하늘이 전하를 살리기 위해 알려준 처방이 분명하옵니다. 다만 저희 의원들이 지혜롭지 못해, 박달나무의 뿌리가 아닌 열매로 고약을 만드는 잘못을 저지른 것이옵니다.

최 의원의 말에 얼굴을 찌푸리던 왕비가 뭔가 생각난 듯한 표정으로 말했어.

> **궁금해요**
>
> 신단수 : 귀신 신(神)에 박달나무 단(檀), 나무 수(樹)자를 썼으니 글자 그대로 풀면 '신령스러운 박달나무'라는 뜻이야. 단군신화가 처음으로 등장하는 역사책인 《삼국유사》에 따르면 환인의 아들 환웅이 신하들을 이끌고 태백산 신단수 아래로 내려왔다고 해.

"흥, 맞아요. 지금 생각해 보니 어의들이 멍청했던 것이 확실하오. 예로부터 하늘이 뜻을 알릴 때는 수수께끼 같은 비유로 말한다고 했거늘, 그걸 곧이곧대로 받아들였으니……."

어라? 이게 무슨 말이야?
최 의원이 꿀꺽 침을 삼켰어.

▎삼국유사

"전하의 꿈에 나온 박달나무는 보통 나무가 아닌 신령스러운 나무, 곧 ★신단수요. 단군신화를 기록한 옛날 책에 따르면 곰이 변한 웅녀가 아기를 갖기 위해 매일 기도를 올린 곳이 바로 이 신단수였소. 그래서 단군의 이름에도 박달나무 단(檀)자가 들어간 것이고요. 그러니 하늘이 전하께 알려준 치료약은 박달나무가 아니라 곰의 쓸개, 즉 웅담이오!"

"이제 하늘의 뜻이 확실해졌으니 김 서방은 어서 웅담으로 고약을 만들도록 하라!"

왕비의 똑 부러지는 해석에 영의정과 어의들은 모두 할 말을 잃었어. 도승지는 속으로 중전마마의 지혜에 감탄했지.

그래, 왜 진작 단군신화 생각을 못하였을까? 하늘에서 내려온 선녀가 박달나무를 가리켰다는 이야기를 듣고서 왜 신단수 생각을 못하였을까?

왕비가 확실하게 김 서방의 손을 들어준 셈이야.

그런데 김 서방의 표정은 밝지 않았어. 아니, 아까보다 점점 더 어두워졌어. 아무래도 임금님을 치료하는 것이 부담스러웠던 것일까? 선뜻 대답을 못하고 뭔가 우물거리고만 있네.

"김 서방은 왜 대답을 안 하는 겐가? 혹시 주상 전하의 종기에 대해 또 무슨 할 말이라도 있는가? 그렇다면 어떤 이야기라도 좋으니 주저 없이 말해 보거라."

김 서방이 겨우 용기를 내어 입을 열었어.

"네, 중전마마. 아뢰옵기 황공하오나 주상 전하의 종기는 소인이 지금까지 본 것 중 가장 지독한 종기이옵니다. 이런 종기는 소인이 어린 시절 스님을 모시고 종기 고치는 법을 배울 때 딱 한 번 본 적이 있사옵니다. 그때 스님께서는 고약을 붙이기 전에 침으로 환자의 종기를 뿌리까지 째서 고름을 빼내었습니다."

왕비가 걱정스런 표정으로 물었어.

이때 지금까지 눈치를 보고만 있던 최 의원이 끼어들었어.

다시 한 번 중전마마의 눈치를 살핀 최 의원이 덧붙였어.

"게다가 자신은 미처 배우지 못했다니, 이는 지금 이자가 치료에 자신이 없어 도망갈 구멍을 만드는 것이라고밖에 생각할 수 없사옵니다."

치료된 것이나 다름없었던 임금님의 종기가 다시 불치병이 되어버렸어.

왕비는 얼굴에 근심이 가득해졌고 한동안 무거운 침묵이 흘렀지.

이 침묵을 깨고 입을 연 것은 박 의원이었어.

"중전마마, 소신 내의원 *주부 박광현 아뢰옵니다."

"그래, 말해 보시오"

궁금해요

주부 : 내의원에서 일하는 어의들이 받던 관직 중 하나야. 내의원에서 일하는 관리들은 도제조 아래 판관, 주부, 직장, 봉사 등의 직책을 받았단다.

"소신이 의과에 급제하기 전, 전국의 이름난 의원들을 찾아다니며 침술을 배운 적이 있었사옵니다. 그때 침으로 종기를 고치는 스님이 있다는 소문을 듣고 찾아갔사옵니다. 그 스님은 아주 위중한 종기 환자에게만 침을 썼는데, 제가 찾아갔을 때 마침 스님이 그런 환자를 치료하고 있었사옵니다. 그 방법이 매우 특이해 제가 어디서 배운 것이냐 물으니 이렇게 답했습니다."

"나는 본래 말을 고치는 마의로 말의 종기를 치료하다가 이런 방법을 터득하게 되었는데, 사람에게 써 보니 가끔 피를 너무 흘려 목숨을 잃는 경우까지 있어 아주 위급한 경우가 아니고는 잘 쓰지 않습니다."

순간 왕비의 눈이 반짝였어.

박 의원은 말을 이었어.

"제가 그 방법을 가르쳐 달라고 하니 흔쾌히 가르쳐 주고는 제가 보답으로 내놓은 돈마저 사양하는 것이었습니다. 그러면서 '일찍이 부처님께서 대가 없이 가르침을 주셨는데, 내 어찌 돈을 받고 침술을 팔겠소? 나중에 의과에 합격해서 큰 의원이 되면, 부디 그때 가난한 백성들을 구하는 훌륭한 의원이 되도록 하시오.'라는 말을 덧붙였습니다."

이번에는 김 서방의 귀가 번쩍 트였어.

여기가 어디라는 것도 잠시 잊은 채 박 의원에게 물었지.

"의원 나리, 혹시 그 스님의 성함이 무엇이었습니까?"

"혜광 스님이었다네. 은혜 혜(惠)에 빛 광(光)자, 평생 중생들에게 은혜를 베풀겠다고 그렇게 지었다 들었네."

"아이고, 맞습니다요. 소인의 병을 치료해 주고 고약 만드는 법을 가르쳐 주신 스님이 바로 혜광 스님이었습니다."

마침내 막혔던 문제가 풀린 듯, 왕비의 얼굴이 환해졌어.

박 의원과 김 서방의 목소리에 힘이 실려 있었어.

김 서방은 웅담을 가지러 약재 창고로 갔고, 박 의원은 주상 전하의 곁으로 가서 가죽 주머니를 끌렀어. 그러자 바늘처럼 뾰족한 것부터 주머니칼을 닮은 것까지 다양한 모양의 침이 쏟아져 나왔지.

박 의원은 그 가운데 크고 두꺼운 침을 꺼내 들었어. 그러고는 마치 요즘 의사가 수술칼로 환자의 배를 가르듯이, 임금님의 종기를 사정없이 쨌어.

그러자 누런 고름이 끝없이 흘러나왔어. 고름에 붉은 피가 섞여 나오자 중전마마는 도저히 볼 수 없다는 듯 고개를 돌렸어.

임금님의 입에서 가느다란 신음이 흘러나왔지.

고름이 어느 정도 흘러나오자 박 의원은 상처 난 종기를 흰 천으로 꾹 눌렀어. 그러자 임금님의 신음 소리가 조금 더 커졌고 얼굴 또한 찌푸려졌어. 눈가를 실룩이는 것이 금방이라도 눈을 뜰 것만 같았어.

왕비가 임금님에게로 다가가며 말했어.

"전하, 정신이 좀 드시옵니까? 눈을 좀 떠 보시옵소서."

"으……."

신음 소리와 함께 임금님의 눈이 절반쯤 떠졌어.

"전하, 정신이 좀 드시옵니까? 눈을 좀 떠 보시옵소서!"

중전마마의 목소리가 높아졌어.

은으로 된 침과 침통

"음, 중전……."

"전하, 지금 박 의원이 침으로 전하의 종기에서 고름을 빼내었습니다. 이제 곧 나으실 것이니 마음을 푹 놓으시옵소서."

왕비의 눈에 눈물이 그렁그렁 고였어. 떨리는 손으로 임금님의 고름을 째던 박 의원의 이마에도 땀이 송골송골 맺혀 있었지.

임금님이 눈을 뜨는 것을 본 박 의원은 휴, 하고 한숨을 내쉬며 입을 열었어.

"중전마마, 지금 주상 전하께서는 기력이 몹시 쇠약해진 상태이옵니다. 소화하기 쉬우면서도 기력을 보호하는 전복죽을 드리는 것이 좋을 줄 아뢰옵니다."

"오, 그래요? 여봐라, 어서 전하께서 드실 전복죽을 대령하도록 하여라."

"내가 아파서 중전이 고생이 많소."

임금님이 힘없는 목소리로 말했어.

"그 무슨 말씀이옵니까? 밤낮으로 나랏일에 힘쓰시다 이렇게 몸이 상하셨는데……. 그나저나 지금은 기력을 보호하는 것이 최우선이니 말씀을 삼가시고 편히 쉬시옵소서."

왕비가 눈물을 찍어내며 간곡히 아뢰었어. 그리고 잠시 뒤에 궁녀가 가져온 전복죽을 손수 떠서 임금님께 먹여 드렸지.

왕비의 정성이 닿았던 것일까? 임금님은 천천히 전복죽을 모두 드시고 다시 자리에 누웠어. 그러고는 깊은 잠에 빠져들었어.

왕비는 마음이 한결 놓였지만 여전히 임금님의 곁을 지켰어.

얼마나 시간이 지났을까? 고약을 만들러 갔던 김 서방이 돌아왔어. 손에는 웅담으로 만든 검은 색 고약이 들려 있었지.

"마마, 웅담 고약을 대령했사옵니다."

"오, 김 서방. 자네 말대로 박 의원이 침을 써서 주상 전하의 고름을 빼내었네. 그랬더니 전하가 눈을 뜨시고 전복죽 한 그릇을 다 드시었어. 이제 자네가 만든 고약만 붙이면 전하의 종기가 씻을 듯이 나을 듯하네."

"이 모두가 중전마마의 정성이 하늘을 움직였기 때문이옵니다."

김 서방은 한결 가벼워진 마음으로 임금님의 종기에 고약을 붙였어. 임금님은 여전히 눈을 감은 채 편안히 자고 있었지.

"이제 하룻밤 주무시면 통증이 가라앉고, 사흘이 지나면 완전히 나으실 것이옵니다."

"오, 그래. 수고했네. 어의들도 모두 수고하시었소. 전하께서 일어나시면 큰 상을 내리실 것이오."

"성은이 망극하옵니다."

모두들 한숨 돌린 표정으로 입을 모았어.

의원들은 내의원으로 돌아갔고, 김 서방 또한 의원들과 함께 했어. 임금님께 무슨 일이 생기면 바로 달려갈 수 있도록 의원들과 김 서방은 내의원에서 밤을 지새웠지.

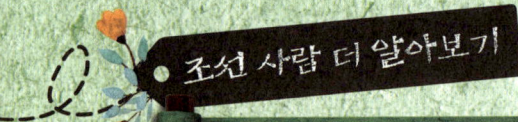

종기를 고친 조선의 명의들, 피재길과 백광현

조선 시대에는 김 서방과 박 의원처럼 고약과 침으로 종기를 치료하던 의원들이 있었어. 피재길과 백광현이 그 주인공들이야.

피재길의 고약

피재길은 대대로 의원을 하던 중인 가문 출신이었지만 어릴 때 아버지가 돌아가셔서 의술을 이어받지 못했대. 집안 또한 어려워져서 글공부를 할 여유도 없었나 봐. 그 때문에 글자도 읽지 못하는 까막눈이었단다. 하지만 아버지의 의술을 옆에서 보았던 어머니가 고약 만드는 법을 피재길에게 가르쳐 주었어. 덕분에 이곳저곳을 돌아다니며 고약을 팔아서 먹고 살게 되었지.

그런데 피재길의 고약은 종기에 아주 잘 들었어. 그 소문이 퍼지면서 종기에 시달리던 정조 임금까지 피재길을 불렀지.

떠돌이 의원이 임금님을 보게 되니 얼마나 떨렸을까? 그래도 피재길은 정조 임금의 종기를 잘 살피고 고약을 지어 올렸어. 바로 웅담으로 만든 고약인 '웅담고'였지. 그 고약을 붙이자 정조 임금의 종기는 사흘 만에 깨끗이 나았단다. 이 공으로 피재길은 의과를 거치지 않고도 바로 궁궐의 어의가 되었어. 일자무식이 의관 벼슬에 오르다니, 그야말로 벼락출세였지.

침의 대가 백광현

백광현은 원래 말의 병을 고치는 '마의'였어. 그는 오로지 침만 써서 말의 병을 고쳤대. 그러던 어느 날 종기로 아픈 사람에게 침을 써 보았더니 효과가 있는 거야. 그때부터 백광현은 침으로 종기를 고치는 의원이 되었지. 이건 당시의 의학서에 없는 방법이었어.

신기한 방법으로 종기를 치료하는 백광현에게 환자들이 몰려들었어. 처음에는 침을 잘못 써서 환자가 죽는 경우도 있었지만 점점 경험이 쌓이면서 더욱 잘 고치게 되었대. 마침내 백광현 또한 궁궐의 어의가 되었단다.

가난한 백성을 위한 조광일

그렇다면 혜광 스님은? 조선 시대에도 혜광 스님처럼 가난한 백성의 병을 돈도 안 받고 고쳐 주는 훌륭한 의원이 있었을까? 물론 있었지! 조광일이라는 의원이 바로 그랬어.

그는 아픈 사람이 있다면 어디든 달려갔어. 환자가 가난하면 돈도 받지 않았지. 그러면서 '의원이 부잣집에만 가고 가난한 곳에 가지 않는다면 어찌 어진 사람이라 할 수 있겠는가? 정작 불쌍하고 딱한 사람들은 가난한 백성이다. 이런 백성들을 고치는 것이 바로 내 일이다.'라고 말했어. 어때? 정말 훌륭하고 멋진 의사 선생님이지?

10 새로운 하루

"댕, 댕, 댕⋯⋯."

다음날 새벽, 또 다시 파루의 종소리가 울려 퍼졌어.

종소리는 제일 먼저 임금님이 잠들어 있는 궁궐에 닿았지. 하지만 임금님은 여전히 깊이 잠들어 있었어. 대신 밤새도록 곁을 지키고 있던 왕비가 종소리를 들었어.

"벌써 인시로군⋯⋯."

왕비가 나지막이 중얼거렸어. 임금님은 어제 오후 전복죽 한 그릇을 다 드시고는 지금까지 눈을 뜨지 않았어.

왕비가 임금님의 얼굴을 살피니 잠이 들어서도 기분 좋은 미소를 띠고 있어.

'무슨 즐거운 꿈이라도 꾸시나 봐.'

요사이 종기 때문에 밤마다 앓는 소리를 내기가 일쑤였는데, 정말 박 의원의 침과 김 서방의 웅담 고약 덕분에 종기가 다 나은 모양이야.

"흐음⋯⋯."

미소를 짓고 있던 임금님이 가벼운 기침 소리를 내면서 눈을 떴어.

"전하, 이제 막 파루의 종이 울렸사옵니다. 좀 더 주무시지요."

왕비가 부드러운 목소리로 말했어.

"내가 얼마나 잠들었던 것이오?"

"어제 오후에 잠이 드셔서 지금까지 내처 주무셨사옵니다."

"그랬던가? 죽을 먹은 기억이 있기는 한데……. 아무튼 아주 달게 잘 잤소."

임금님이 기지개를 켜면서 자리에서 일어났어.

"그런데 중전은 밤새 내 곁에 앉아 있었단 말이오?"

"전하께서 병환으로 정신을 잃으셨는데, 소첩이 어찌 편히 잠들 수 있겠사옵니까?"

"어허, 내가 중전을 너무 고생시키는구려."

"그런 말씀 마시옵소서. 전하께서 잘 주무시는 것은 소첩의 기쁨이옵니다."

사실 임금님은 종기로 아프기 훨씬 이전부터 잠을 잘 못 잤어. 아침부터 밤까지 몰려드는 나랏일로 걱정이 많다 보니 늦게 자리에 누워도 잠이 잘 오지 않았지. 이렇게 오랫동안 달게 자 본 게 얼마 만인지 몰라.

임금님의 밝은 얼굴을 보니 왕비는 마치 자기가 푹 잔 것처럼 피로가 싹 풀리는 것만 같았어.

"꼬르륵."

임금님의 뱃속에서 나는 소리에 왕비는 자기도 모르게 웃음이 나왔어. 하긴, 어제 오후에 죽 한 그릇 먹고 지금까지 아무것도 안 드셨으니 배에서 소리가 날 만도 하지.

"전하, 자릿조반을 올리리까?"

"좋소. 그런데……."

　임금님이 잠시 뜸을 들이더니 말을 이었어.

　"이제 전복죽은 그만 먹었으면 하오. 대신 타락죽을 먹으면 좋겠는데……."

　평소 해산물을 별로 즐기지 않는 분이 아프다고 그동안 전복죽만 먹었으니 물릴 만도 하지.

　그나저나 드시고 싶은 것이 있다니 이 또한 병이 나았다는 신호인 것 같아.

　왕비는 미소 지으며 대답했어.

　"예, 알겠사옵니다."

　타락죽을 맛있게 비우고 임금님은 오랜만에 왕비와 두런두런 이야기를 나누었어. 날마다 나랏일에 파묻혀 사느라 왕비와 단둘이 편하게 이야기를 나누는 것도 얼마 만인지 몰라.

　왕비는 임금님이 정신을 잃고 쓰러진 동안에 벌어진 일에 대해 자세히 이야기해 주었지.

　어의들이 원인을 몰라 우왕좌왕하던 일, 도승지가 자기 아들을 고친 김 서방을 추천한 일, 부랴부랴 김 서방을 불러서 진찰한 일 등을 말이야.

　박 의원이 커다란 침으로 임금님의 종기를 째는 부분을 이야기할 때는 왕비의 몸이 다시 한 번 부르르 떨렸어.
　하지만 그 덕분에 임금님이 정신을 차리고 김 서방의 고약을 붙이는 장면에서는 다시 안도의 한숨을 내쉬었어.
　이렇게 편안한 마음으로 어제 일을 이야기하고 있는데 도승지와 어의들이 문안 인사를 왔어. 물론 내의원에서 밤을 샌 김 서방도 함께였지.
　"전하, 밤새 편안히 주무셨나이까?"
　"내 정말 오랜만에 푹 잤소. 몸이 가뿐한 것이 이제는 종기도 다 나은 듯하오."
　박 의원이 임금님의 종기를 살펴보았어.
　고약을 떼어내고 보니 어제 짼 자리가 조금 덜 아물긴 했지만 부은 것이 가라앉고 붉은 기운도 사라졌어. 확실히 거의 나아가는 듯 보였어. 상처를 깨끗이 닦고 웅담 고약을 새로 붙였지.
　"전하, 이제 종기가 거의 나은 듯 보입니다."
　"모두가 경들이 애쓴 덕분이오."
　"성은이 망극하옵니다."

임금님이 감히 고개도 들지 못하고 엎드려 있는 김 서방을 바라보았어.
"네가 김 서방이냐? 머리를 들라."
"네, 전하."
김 서방이 떨리는 목소리로 대답하면서 고개를 들었어.
인자한 미소를 지으며 자신을 바라보고 있는 임금님의 용안이 보였어.

"내 중전을 통해 네 이야기를 들었다. 웅담 고약을 만들었을 뿐 아니라 먼저 침으로 고름을 빼내야 한다고 알려서 내가 정신을 차릴 수 있도록 했다지? 참으로 고맙구나."
"서, 성은이 망극하옵니다."
"네 덕분에 내가 살았으니……, 내가 상을 내리도록 하마. 그래, 네 소원이 무엇이냐?"

순간 김 서방의 머릿속이 다시 한 번 아득해졌어. 스님이 모든 사람을 대가 없이 고쳐 주어야 한다고 했으니 이번에도 아무것도 받지 말아야 할까?

아니, 임금님께서 내리시는 상을 거절한다면 그 또한 도리가 아니지 않은가? 그렇다면 이번 기회에 송아지가 아니라 황소 한 마리를 달라고 하면 어떨까? 아니면 아예 농사지을 땅을 상으로 주십사 하는 것은? 머릿속은 복잡해지고 입술은 마르고 시간은 흘러만 갔지.

"갑자기 물으니 얼른 생각이 떠오르지 않는 모양이로구나. 그럼 내 다음에 다시 물어볼 터이니 무엇을 받으면 좋을지 잘 생각해 보도록 하여라."
"전하, 아뢰옵기 황공하오나……, 소인에게 소원이 하나 있사옵니다."
"오, 그래, 무엇이냐? 무엇이든 말해 보도록 하여라."
김 서방은 꿀꺽, 마른 침을 삼키고 대답했어.

임금님은 흐뭇한 얼굴로 말을 이어갔어.

> **궁금해요**
>
> 치종청 : 치종청은 실제로 조선 시대에 있었던 관청이야. 하는 일도 백성들의 종기를 치료해 주는 것이었지. 조선 전기에는 독립된 관청이었다가 나중에는 궁중에서 쓰는 약재를 관리하던 전의감에 통합되었단다.

"김 서방은 들거라."

"예, 전하."

"네가 나의 백성을 위한 소원을 말하였으니, 나도 너를 위해 상을 내리도록 하겠다. 내 너를 내의원 의원으로 삼을 터이니 앞으로 궁궐에서 나와 왕실을 위해 일하도록 하라."

내의원의 의원이라면 벼슬이야. 평생 농사만 짓던 상민이 하루아침에 벼슬길에 오르게 된 거야. 이것이야말로 벼락출세라고 해야겠군.

깜짝 놀란 김 서방은 눈만 멀뚱거리다 겨우 대답했어.

"전하, 소인처럼 미천한 것이 어찌……."

"그런 소리 할 필요 없다. 일찍이 세종대왕께서 노비였던 장영실의 재능을 보고 높은 벼슬을 주셨다는 이야기를 듣지 못했느냐? 덕분에 우리 조선이 더욱 발전할 수 있었다. 나 또한 너의 의술을 높이 사는 것이니 다만 최선을 다해 일하도록 하라."

"성은이 망극하옵니다."

김 서방은 여전히 꿈인 듯 얼떨떨하기만 했어.

"그리고 이번에 내 종기를 고치는 데 박 의원의 공이 크다고 들었다."

"아니옵니다. 마땅히 초기에 고쳤어야 할 전하의 병환을 크게 키웠으니, 황공할 따름이옵니다."

이번에는 박 의원이 머리를 조아리며 대답했어.

아니다. 뛰어난 의원이라고 어찌 사람의 병을 다 고칠 수 있단 말인가? 더구나 내 종기는 뿌리가 깊어 고치기 어려운 병이었다. 정신까지 잃은 나를 살려 낸 것은 너의 공이 크다. 내 너의 벼슬을 올려줄 터인즉 새로 어의가 되는 김 서방과 함께 왕실의 건강을 위해 힘을 다하도록 하라.

성은이 망극하옵니다.

임금님은 다른 신하들을 바라보며 말을 이어갔어.

"이번 일로 다른 내의원 어의들뿐 아니라 도승지까지 고생들이 많으셨소. 여러분께는 내 따로 상을 내리도록 하겠소."

"성은이 망극하옵니다."

신하들은 입을 모아 대답했어.

"자, 그럼 모두 물러가도록 하시오. 내 아직 기력이 전 같지 않아 조금 더 쉬어야겠소."

"황공하옵니다. 전하, 부디 옥체를 강건하게 보존하시옵소서."

도승지가 대표로 말씀을 올리고는 신하들과 김 서방은 강녕전을 빠져나왔어.

때마침 저 멀리 동쪽 하늘에 해가 떠올랐어. 조선 사람들의 새로운 하루가 시작된 거야.

조선 사람 더 알아보기

상민이 양반 되고, 양반은 상민 되고

전쟁으로 신분의 벽이 허물어지다

양반과 중인, 상민과 천민. 도저히 넘을 수 없을 것만 같던 신분의 벽은 조선 후기가 되면서 흔들리기 시작해. 이런 일의 계기가 되는 것은 두 차례의 전쟁이었지. 일본이 침략한 임진왜란과 중국의 청나라가 쳐들어온 병자호란 말이야.

공명첩

두 번의 큰 전쟁 탓에 나라 살림은 몹시 어려워졌어. 그러자 조선의 조정에서는 백성들에게 돈이나 곡식을 받고 ▪공명첩이라는 문서를 팔았지. 이걸 산 사람들은 중인이건 상민이건 심지어 노비건 모두가 양반 행세를 할 수 있었어. 어떻게 이런 일이 가능하냐고? 잘 들어 봐.

공명첩이란 벼슬을 준다는 임명장이야. 하지만 벼슬을 받는 사람의 이름은 빈칸으로 되어 있다는 점이 보통의 임명장과는 달랐지. 공명첩을 받은 사람이 여기에 자기 이름을 써 넣는 순간, 상민이든 노비든 양반이 되는 거야. 양반이란 원래 타고난 신분이 아니라 문반(문신)과 무반(무신)을 뭉뚱그려 부르는 이름이었거든. 그러니 벼슬을 받는다는 것은 곧 양반이 되는 것을 의미했지.

가난한 양반

그런데 좀 이상한 점이 있어. 전쟁으로 나라뿐 아니라 백성들도 생활이 어려웠을 텐데, 어떻게 공명첩을 살 정도로 부유한 상민이나 천민이 있었을까?

여기에는 또 한 가지 비밀이 있어. 전쟁 이후에 농업 기술과 상공업이 발달했거든. 특히 모내기법과 비료주기 등이 널리 퍼지면서 생산량이 늘어났을 뿐 아니라 한 사람이 지을 수 있는 농토가 넓어졌어. 덕분에 공명첩을 살 만큼 재산이 많은 상민과 노비들이 생겨난 거란다.

이렇게 부유한 상민과 천민들이 생긴 반면에 가난한 양반들도 생겨났어. 물론 이전에도 가난한 양반이 있었지만 전쟁을 거치면서 어려워진 양반들이 더욱 많아졌지. 이들은 상민과 다를 바 없이 농사를 짓거나 궂은일을 하면서 살아가기도 했단다. 무늬만 양반일 뿐 상민처럼 사는 이들을 '잔반'이라고 불렀어. '몰락한 양반'이란 뜻이야.

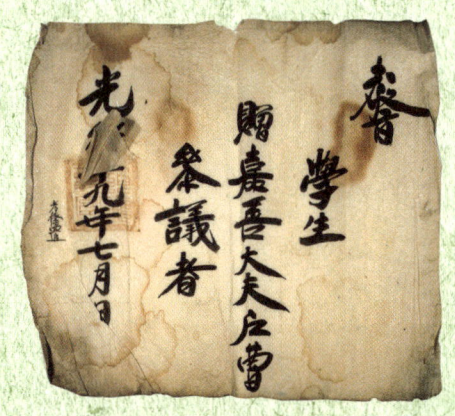
- 공명첩

사진 자료를 사용하는 데 도움을 주신 곳

■ 국립중앙박물관

8, 98쪽 옛 보신각 동종(신수(新收)-018240-000), 14쪽 경연일기(구(購)-002444-000), 43쪽 다식판(신수(新收)-011085-000), 45쪽 열녀춘향수절가(신수(新收)-015187-000)·심청전(구(購)-004470-000)·홍길동전(신수(新收)-015190-000), 48쪽 노비 영만이 노비 상운에게 노비를 판다는 문서(M번(M番)-000165-000), 67쪽 고누놀이, 《단원 풍속도첩》(본관(本館)-006504-009), 70쪽 숙명공주가 주고받은 왕실 한글 편지 모음(청주(淸州)-008902-000), 77쪽 을축년 정순왕후의 장례식 행사(본관(本館)-011259-000), 89쪽 삼국유사(신수(新收)-019870-000), 107쪽 공명첩(신수(新收)-015502-000)

■ 국립민속박물관

19쪽 관복(단령, 민속 031861)·관대(각대, 민속 028970)·이엄(민속 077585)·사모(민속 005880), 30쪽 약저울(민속 001401)·약작두(민속 005039)·약절구(민속 015886)·납석약탕기(민속 030239)·약주전자(민속 038969)·약조제상(민속 045413)·약함(민속 045935)·의약서적(경림채영, 민속 035518), 42쪽 공고상(민속 001847), 93쪽 은침통(민속 004969)